安野貴博

はじめる力

行動に必要なのは
才能でも
性格でもなく
技術だ

SUNMARK
PUBLISHING

前が見えない中で、
それでも一歩を
踏み出すために

はじめに

21世紀に入って、もう四半世紀。ありとあらゆるニュースがＳＮＳを通じて瞬く間に広がり、情報という情報がすさまじいスピードで世界をめぐっています。少し前までの正解が正解でなくなり、世の中は混沌として、見通しが立たなくなってきている。そして今、そこにＡＩという大波が到来しています。

ＡＩエンジニアの私は、もしかしたらその大波を乗りこなす側だと思われているかもしれません。けれど実はＡＩの世界は、あまりに進化が速すぎてどんな専門家でもついていけていないのが実情です。

そんな状況の中で、手探りで日々過ごされている方は少なくないのではないかと思います。

「これでうまくいくのか？」

「新しいことをはじめたいけれど、何をしたらいいのだろう？」

わからないときは、誰でも動けなくなりがちです。自分の判断にも自信がなくなるので、一歩踏み出すことが怖くなります。


さて、みなさんは、どんな理由でこの本を手に取り、今このページを開いているのでしょう。

『はじめる力』というタイトルに惹かれた？

「ＡＩ時代」に期待や不安を抱いているから？


私は、今まさに到来しつつある、「ＡＩとの共存」を前提にした社会で最も重要なスキルが、**物事を新たに「はじめる力」**だと考えています。

技術革新のスピードが極めて激しい現代においては、世界の不確実性がどんどん増していきます。変化に対応できることの価値が上がる一方で、何かをはじめられないことのリスクが高まっているともいえるでしょう。

実はこの「はじめる力」、特別な人にだけ与えられた天賦の才ではないのです。やる気さえあれば誰もが使いこなすことができる〝技術〟なのではないかと私は考えています。

この「はじめる力」は人生の選択肢を増やしてくれるものですし、この技術を持つ人が増えれば、より前向きで創造的な社会ができるはず。

本書では、私の経験をもとに、何かをはじめるための「技術」についてみなさんと一緒に考えてみたいと思います。

私がこれまでに「はじめた」と

まずは自己紹介として、私がこれまで「はじめた」ことをいくつか並べてみます。

私は東京で生まれ育ち、東京大学工学部のシステム創成学科を卒業した後、外資系コンサルティング会社のボストン・コンサルティング・グループを経て、ＡＩスタートアップ企業を２社創業しました。ＢＥＤＯＲＥ《ベドア》（現PKSHA Communication）という会社とＭＮＴＳＱ《モンテスキュー》という会社で、それぞれＡＩ技術を使って既存の業務を変革し、働く人を助けることを目指した会社でした。

２０１５年には、人型ロボット「Pepper」と漫才コンビを組んで、Ｍ－１グランプリに出場しました。１回戦は勝ち進んだものの、２回戦で敗退。劇場ではかなりウケていたと思ったのですが……。

また、２度目の起業の後には、ロンドンの美術大学、ロイヤル・カレッジ・オブ・アートに入学。学校で１人だけ絵がまったく描けない中で、画像生成ＡＩを駆使しながらメディアアートの制作を行ない、準修士の学位を取得しました。現在もアートの創作は継続しており、「実験東京」というユニットで活動しています。

ＳＦ作家としては、星新一賞、ハヤカワＳＦコンテストなどの賞をいただき、２０２１年に長篇小説でデビューしました。自動運転技術やＡＩエージェント技術をモチーフに、新しい技術が変えていく世界を描いています。

そんな起業家、AIエンジニア、作家の私ですが、2024年6月に東京都知事選に立候補しました。立候補のきっかけは「妻の一言」でした。

縁のなかった政治の世界へ飛び込んだきっかけ

2024年4月、参議院議員の補欠選挙がありました。著名タレントやネットの有名人が複数立候補したこともあって、世間の注目を集めていました。

当時、私は妻の黒岩里奈と散歩しながら、「今の選挙制度にはこんな問題がある」「政治システムをこういうふうにしたらいいんじゃないか」などと話していました。すると、彼女が突然、「そんなに言うなら、自分が出たらいいじゃない?」と言いだしたのです。

その瞬間は、「この人は何を言っているんだろう」と思いました。でも、一晩寝て起きてから冷静になって考えてみると、違った景色が見えてきました。

私は学生時代、工学部のシステム創成学科に在籍していました。もともと、部品と部品がつながりあって、何かの価値を創発する「システム」に興味があったのです。

たとえば、会社組織やビジネスでも、いろんな部署や課がある。マーケットがあり、競合がいて、どういうアクションをするとどうなるかがある程度予測できる。小さなカタマリがつながることによって、全体として大きな価値が生まれていることがとても面白いなと考えていました。ソフトウェア開発を行なうエンジニアからスタートして、起業家としていくつかのベンチャー企業を立ち上げたのも、こうした発想が根っこにあったからです。

政治や社会も同じです。それぞれをシステムとして捉えてみると、できることがたくさんありそうです。

政治システムをアップデートするために、学生時代にまず取り組んだのが、国会会議録の可視化です。国会で誰が何を発言したかという会議録データを解析し、それぞれの議員の発言の単語分布を可視化するツールをつくってみたのです。

すると、この議員は医療制度改革に積極的に取り組んでいるとか、年金制度について取り組んでいるといったことが、一目でわかるようになります。これらの情報は、次の選挙で誰に投票するかといった行動の参考になると思いました。

しかし逆にいうと、そのときはここまでが限界でした。当時はまだ言語を扱う技術が未熟で、キーワードを抽出するくらいしかできなかったからです。発言に対して「いいね」をつける機能を実装したりもしましたが、できることは限定的でした。

そこから10年以上の時間が流れて、今はChatGPTを筆頭に生成ＡＩ全盛の時代を迎えています。大規模言語モデル（LLM: Large Language Model）というテクノロジーが登場し、精度は日々劇的に上がっています。ＡＩでできることが飛躍的に増え、ＳＮＳもスマートフォンのように、ごく当たり前の誰でも使えるツールになっています。かつてのコンピュータにはできなかったことが、どんどんできるようになっていく。そういう時代になったのです。

今なら「テクノロジーの力によって政治システムをアップデートする」という、学生時代の野望が実現できるのではないか。当時は技術的制約が多かったけれど、今なら世の中に役立つ仕組みとして実装できるはずだ。そう考えると、都知事選に出るというのは、とても意義深いことだと思えたわけです。

そうして決めた出馬。選挙期間中は、選挙戦そのものを政治システムの一部と捉え、旧来のやり方をアップデートする取り組みをはじめました。

これまでの選挙といえば、候補者の考えを一方的に有権者に伝える「ブロードキャスト」型の活動がほとんどでした。しかし、今のテクノロジーを使えばその逆――有権者と候補者の双方向のコミュニケーションを育む「ブロードリスニング」型の選挙――ができるのではないか？　そうすれば、選挙期間をみんなで東京の未来を考える、建設的な時間にすることができるのではないか？

こんな仮説をもとに、私は電話やYouTubeを使って私のアバターと会話ができる「ＡＩあんの」を開発しました。また、広くＳＮＳ上に溢れる声をＡＩを用いて集約し、マニフェストの磨き込みに役立てていきました。

結果、主要メディアでほとんど取り上げられないという逆風も吹く中、15万４６３８人の方が票を投じてくださり、全候補者中5位となりました。当選できなかったことは悔しいことですが、このときの経験と学びを活かして、２０２5年1月には「デジタル民主主義２０３０」というプロジェクトを立ち上げ、オープンソースソフトウェアの開発をすることにしました。市民の声を収集・可視化し、政策立案に活かすための大規模熟議プラットフォームや「政治とカネ」の問題を解決すべく、政治資金の見える化プラットフォームを構築しています。デジタルの力でより多くの人が前向きに社会参加できる、新たなことにチャレンジできる世の中をつくりたいのです。

何かをはじめられることは「才能」ではない

ここまで、これまでまったく縁のなかった政治の世界に飛び込んでみた理由を書いてきましたが、こう考える方もいらっしゃるかもしれません。

「でも、リスクは考えないの？」

そう、何かをはじめるときに、リスクのことが頭をよぎるのは、自然なことです。

私も人と話をしていると「あなたはリスクを取って何かをはじめられる人なんですね」と、少し距離をおいてみられることがあります。

意外に思われる方もいらっしゃるかもしれませんが、何を隠そう、私は実は石橋を叩いて渡るタイプです。

新しいことをはじめるときには常に不安を感じます。いわゆるチキンです。そんな私がなぜリスクを取って新しいことをはじめられるかというと、何かをはじめるための「技術」を見つけられたからです。


本書では、私・安野貴博の経験してきた具体例（失敗例も多く含みます）とともに、この技術はどういうもので、どうすれば身につけられるかまで、順を追って解説していきます。

スティーブ・ジョブズやイーロン・マスク、南場智子氏などの起業家には数々の逸話があります。あるいは、レオナルド・ダ・ヴィンチや、大谷翔平氏など、天才たちの持つストーリーも有名でしょう。彼らの規格外のエピソードに触れるたび、自分とは違う一握りの選ばれた人にしか新しいことはできないのでは、と思ってしまう感覚は私も抱くことがあります。

しかし私は、こう断言したいと思います。何かをはじめることは、先天的な才能を持つ人だけに許された営みではなく、後天的に身につけられる「技術」なのです。

「はじめる」ときに重要な3つのステップ

何かを「はじめる」ときには、重要な3つのステップがあります。

Step1：達成したいゴールを発見する
Step2：ゴールに至るための勝ち筋を見出す
Step3：仲間を集めてチームをつくる

の3つです。

詳しくは第1章以降で解説しますが、さわりだけ紹介しましょう。

まず、何かをはじめるときには、当たり前ですが「何をはじめるべきか？」から考えることになります。はじめることを見つけるためには、その終わり方も同時に考えなくてはならない。自分なりにゴールを設定するのです。これは言い換えると「何かを達成したい」というモチベーションを育むことと同義です。

ゴールを設定したら、そのゴールにどうやって到達するかを考えなければいけません。大まかな道筋を予想することはとても大切です。ただ、どれだけ頑張ってもリスクはゼロにならないし、一度も失敗せず走り抜けることはあり得ません。こうした不確実性や数々の失敗とどう向き合うべきかについて、本書では解説していきます。

大きなことを成し遂げたいと思えば、1人だけでゴールに到達することはできません。それぞれのゴールに合った「チーム」をつくって、協力し合って取り組む必要が出てきます。都知事選のときも、スタートアップ起業のときもそうでした。大きなことを「はじめる」ためには、信頼できる仲間づくりは不可欠なのです。

AI時代、「はじめる技術」は人間にとって最も重要な能力である

「はじめる技術」を身につけると、自分の人生の選択肢を増やすことができます。何かをはじめられるということは、既存の枠組みの延長線上ではない場所に行くことができるということです。つまり、「はじめる技術」は、人をより自由にしてくれるのです。

あらゆることをAIが助けてくれる時代には、この「はじめる技術」こそが、最も重要な能力だと私は考えています。はじめられさえすれば、その後はあなたがやりたいことをＡＩが助けてくれるからです。

でも、「はじめる」こと――自分がやりたいことを見つけて、モチベーションを持って、共感する仲間を集めること――だけは、私たち人間がやらなければな

りません。「はじめる技術」は、現代社会をしなやかに乗りこなすための技術なのです。

では、さっそく「はじめる技術」の解説をはじめたいと思います。

はじめに……2

第1章 変えられる未来は今ここにある

STEP1 自分なりのゴールを見つける

解像度の高い未来をイメージする……24
発想のジャンプ／SF的に語られた未来は意外と現実になっている／論理的推論／物語化
一次情報を得るために、普通より一歩踏み込む……40
書店で気になった本の1ページ目をめくるかめくらないか／「連続的」なトレンドと「非連続的」なトレンド／予測は「当たら」なくとも意味がある／予測する未来と現実化させる未来
未来を現実にするために「語る価値のある未来」は何か……53
誰も想定していない「インパクトのある未来」を見つける
テクノロジーの進化に追いつくよりも、大事なこと……61
「先読みできない未来」の中で大事なのは「コンパス」と「軌道修正」

テクノロジーとどう向き合うか……64
AIは数多のテクノロジーの中でも最重要領域／AIの進歩でエネルギー・バイオテクノロジーも変わる／AIは生死の概念にすら影響する／AIは人間の生活をよくするパートナー／誰も先端技術についていけなくなる／AIはデジタルに疎い人を助けるテクノロジーである
小さなことから未来を少しずつ傾けていく……79

第2章 小さくはじめる技術

STEP2 ゴールまでの戦略とストーリーを考える

初めて一歩を踏み出すために……84
リスクの形を事前に調べる／未来を形にするために、小さな実験をくり返す／未来をつくる手段は1つじゃない
打席に立てる数は増やせる……97
小さな中間ゴールをつくっておく……105
「1人でもはじめられる」ミニマムプランが行動を軽くする

複雑な物事を細かく分解して考える ……110
選挙だけでなく行政でもこれらのシステムは役に立つ／どこがボトルネックになっているか／システムは様々な切り口で分解できる／あえてバランスを崩してみると、新しい発見がある
なめらかに成功し、なめらかに失敗する ……129
「失敗の質」を上げる／「学ぶ」ための挑戦という考え方／「失敗」が未来をつくる

第3章 「はじめる」ためのチームと文化をつくる

STEP3 スピードと心理的安全性を大事にするチームづくり

チームをどうはじめるか ……140
コラボで適切な一歩を踏み出す
「スピード」と「心理的安全性」を両立するチーム安野のルール ……145
1 心理的安全性のある組織／2 スピードに最適化する／3 ボトムアップに動いてもらう／振り返って：自分から動いてもらうことの難しさ／4 法令遵守と健康第一
これからのリーダーシップ 「わからない」中で意思決定を続けていく ……172

1 リスクを取る／2 アジリティ／3 間違いを認める
心理的安全性の高いコミュニケーション …… 179
期待値を下げる／「善意が前提」で話を聞く／もし、相手に善意がなかったら……／「ちょっと損をし続ける」くらいがちょうどいい／相手と噛み合わないときは……／討論番組と日常での議論の違い／文字での議論の難しさ／「人」と「現象」を分けて考える／目に見えるものをいち早く形にする／発言機会の平等を意識する／仕組みで意見を吸い上げる／AIで誰一人取り残されない社会へ

第4章 「はじめる」社会をつくりはじめる
デジタル民主主義2030プロジェクト

ほんの少しの工夫で社会は変わる …… 206
日本の社会と民主主義のバグを直す …… 209
みんなの「合理的」な選択の結果、視野が近視眼的になってしまう構造／民主主義にバグはあるか？／選挙に頼らずに自分たちの意見を反映するパスをつくる／ブロードリスニングで政策の内容が変わる／デジタルデバイドをどう見るか

「デジタル民主主義2023」プロジェクト始動 …… 231
1「ブロードリスニング」を誰でも使えるように／2「民意による政策反映」プラットフォームの開発／議論が荒れない、議論を乗っ取られないための認証システム／決めるのはあくまで人間／一時的なブームで終わらせないために／資金と政治権力とアテンションを1か所に集める／最初は「スケールしないことをしよう」／3 政治資金を透明化して「政治とカネ」の問題をクリアする／行政組織のお金の流れも透明化できる／私たちの未来は私たち自身がつくっていく

おわりに …… 251
これからの人の仕事は「未来への方向性を示すこと」

カバーデザイン　小口翔平＋畑中茜（tobufune）
本文デザイン　荒井雅美（トモエキコウ）
本文DTP　キャップス
カバー写真　稲垣純也
校正　鷗来堂
編集協力　田中幸宏
編集担当　多根由希絵（サンマーク出版）

第1章

変えられる未来は今ここにある

STEP1　自分なりのゴールを見つける

解像度の高い未来をイメージする

この本の最初になぜ「未来」の話をするのか。

すでにやりたいことがあるのならよいですが、まだ「何をしていいのかわからない」とか、「漠然と何かしたいという想いがある」のであれば、まずはあなたが「もしかしたら、今後こうなるのではないか」「こうなったらいいんじゃないか」と思える「未来」から考えてみましょう。

何を「はじめるべきか」を決めるには、解像度の高い「未来」をイメージすることが必要です。実はSF作品をつくるときにもビジネスを起業し成立させるときにも、未来をどれだけ具体的に想像できているかが大切です。

私が考える「未来のはじめ方」の勝ちパターンは、次の公式で成り立ちます。

発想のジャンプ × 論理的推論 × 物語化

それぞれ説明していきます。

発想のジャンプ

自分なりの未来を見つけるためには、発想の原点となる仮説を持たねばなりません。できれば、他の人が言っていないものが面白いと思います。

その型は**「もし〜だとしたら」**です。

たとえば、私が共同創業したMNTSQは、「もしAIが弁護士の仕事を担えたら」という仮説からはじまっています。

このような仮説を思いつく確率を上げるための思考法には、いくつかのパターンがあります。

1 みんなの予想の逆をいく

たとえば、マッチングアプリなどのオンライン恋愛がますます流行すると世間が予想しているのであれば、あえてラブレターからはじまる関係を構想してみる。手紙の書き方サポートや、最適な文房具・レターセットなどのビジネスも考えられるかもしれません。

人間の平均寿命はますます延びて、人生100年時代になるという予想もあります。そうなると逆に、「短期間で人生を濃密に生きたい」という人たちが現れるかもしれません。その場合は資産を「貯める」のではなく「どんどん使う」ためのファイナンシャルプランナーが必要になるでしょう。

2 極端な人の予想を参考にする

製品やサービスについて極端な使い方をしている人にインタビューをします。これは、エクストリーム・ユーザー・インタビューと呼ばれているものです。

たとえば、チキンラーメンについて、日清食品がテレビCMの中で「お湯をかけずに食べる」という食べ方を提案したところ、その後、SNS上で一部の人から、この食べ方に関するコメントが継続的に寄せられていたそうです。そこで開発されたのが「0秒チキンラーメン」です。1年で2000万食を売り上げたヒット商品になっています。[*1]

3 変な人を脳内に飼う

人と違う発想が必要であれば、自分とは違う発想をする「変な人」のエミュレーター（対象のものを摸倣する装置）を脳内に持つのがオススメです。「あの人だったらどう考えるだろう？」ということが発想できるようにしておくのです。

すると、エクストリーム・ユーザー・インタビューをするまでもなく、通常自分が思いつくのとは違うアイデアが湧くようになります。

たとえばイーロン・マスクを自分の中に飼うことによって、「このときイーロ

＊1　日本経済新聞「（人気商品 ここが突破口）日清食品「0秒チキンラーメン」塩分半分でも味わい再現」（2022年8月24日）
https://www.nikkei.com/article/DGKKZO63671430T20C22A8HE4A00/

ン・マスクだったらどう言うか？」といったことを想像できるようになると、発想を飛躍させやすくなります。ちなみに作家は、この訓練を自然としているのではないかと思います。セリフを書くときなどは、各キャラクターのエミュレーターが脳内にないと書けないのです。

SF的に語られた未来は意外と現実になっている

SFというと、荒唐無稽なイメージを持たれるかもしれませんが、SF的思考が現実化してきたものも多くあります。

たとえば、「ロボット」という単語が初めて世に出たのは、1920年に刊行された『R.U.R.』[*2]（カレル・チャペック著）というSFですし、「遺伝子工学」の概念を初めて物語にしたのは、1951年の『ドラゴンズ・アイランド』[*3]（ジャック・ウィリアムスン著）というSFでした。

その後、初めて産業用ロボットが開発されたのが1961年、遺伝子工学の研究がはじまったのが1970年代ですから、これらは世の中に存在する前に想像され、物語になったものといえるでしょう。

現在時価総額上位の起業家も、SFの影響を受けて、事業を構想したという説は少なくありません。

たとえば、グーグルのセルゲイ・ブリンは、『スノウ・クラッシュ』[*4]（ニール・スティーヴンスン著）に影響を受けたそうです。

『スノウ・クラッシュ』では、力を失った政府に変わり、大企業やマフィアによる「フランチャイズ国家」に分裂したディストピアの中で、メタバースが築かれたアメリカが舞台です。話の中に、空間にある情報を追跡する「アース」というソフトウェアが出てくるのですが、それが「グーグル・アース」の構想につなが

＊2　邦題『ロボット　R.U.R.』中公文庫
＊3　邦題『超人間製造者』久保書店
＊4　日本では、早川書房にて刊行

っているという話があります。[*5]

アップル創業者のスティーブ・ジョブズも、Ｓｉｒｉの構想にあたって『２００１年宇宙の旅』（アーサー・Ｃ・クラーク著）の影響を受けているという説があります。

『２００１年宇宙の旅』には、人間の質問に様々な答えを返してくれるＨＡＬ９０００という人工知能が出てきます。実際にアップル社はＨＡＬ９０００にそっくりなＳｉｒｉ用の周辺機器もつくっています。

こうして見てみると、誰かの想像を、他の誰かが現実にしながら、未来が進んでいるといえるかもしれません。

論理的推論

ジャンプした発想を、より現実的に考えていくために、「その未来が起こった後は何が起こるのか」（ジャンプした発想の後）と、「なぜ、発想したような未来が起こるのか」（ジャンプした発想の前）を考えます。

その未来が起こった後の話は「論理的予想」、その未来が起こった理由については「バックキャスト」の手法で考えていきます。

1 その未来が起こった後に、何が起こるか（論理的予想）

各種の統計を使いながら、論理的に考えていきます。

たとえば、自分が予想したものがある分野のサービスであり、市場規模を見積もりたい場合は、総人口からどのくらいの顧客がいるのか、1人あたりどのくらいの金額で、どのくらいの頻度で買ってもらえるのかといったことを、統計データから推測します。できれば、市場の成長率なども考慮します。

また、その時点以降の未来がどのようになっていくのか、そこで考えられる数値と、各種統計予想との矛盾はないかなども考えます。

＊5　HAYAKAWA BOOKS & MAGAZINES「早くも重版決定！「メタバース」の語を生んだ伝説的ＳＦ小説『スノウ・クラッシュ』がいま大流行のワケ」（２０２２年2月10日）https://www.hayakawabooks.com/n/ncac16bbc6919

矛盾が出る場合は、「どうやったらその矛盾が解消できるだろうか?」「矛盾を解消できるような非連続な前提条件があるだろうか?」というように問いを進化させることができるでしょう。

たとえば、自動運転車が広がった未来であれば、

- **その市場規模はどうなっていくだろう?**
- **過疎地域で広がったとしたら、地方でどんなことが起こっているのか?**
- **地価にはどんな影響があるだろうか?**

といったことを考えていきます。

2 バックキャスト

予測した未来にたどり着くには、その前にどんなことが行なわれていなければならないかを検討していきます。

たとえば、「もし大学がなくなったら」と仮定したとします。そして、「なぜ大学がなくなってしまったのか?」を考えると、

図1-1 その未来が起こる前と起こった後を想像して、未来の解像度を上げる

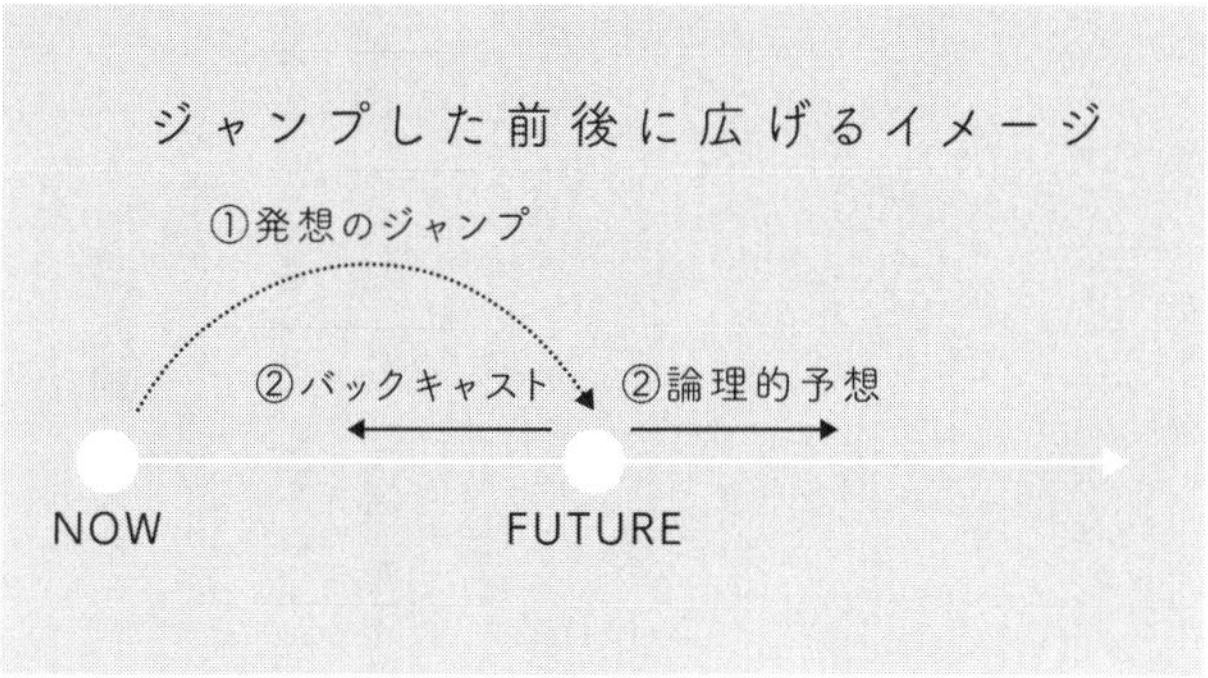

出典：チーム安野

・「誰も行きたがらなくなってしまったから」
・「なぜならば、進学するよりも早く働いたほうが社会的評価が高くなってしまったから」
・「なぜならば、AIが知的労働を代替し、大学や高校で勉強する価値が暴落したから」

というように、そこに至る仮説を思いつくことができるでしょう。

バックキャストは「一見、たどり着きそうにない地点」まで自分たちを導いてくれる1つの考え方です。

3 エキスパートにお願いする

もちろん、データだけではわからない部分もあります。

特に未来のことについては、普通に聞いても、出てこないことが多いでしょう。そんなときは、強い仮定を専門家に当ててみると、話が出てくることがあります。

その分野に精通している人や専門家に、「もしこんなことが起こったら、どうなると思いますか？」と尋ねてみると、外からは見えなかった状況が、解像度高く見えてきます。

物語化

人の心を動かすのに必要なのは「物語」です。

私が広い意味での物語（ストーリー）の重要性を痛感したのは、ＳＦ作家になる前の、起業家時代にさかのぼります。自分たちのプロダクトをユーザーに使ってもらうときも、投資家から資金を調達したいときも、カギとなるのは「使いたくなる理由」や「出資したくなる理由」でした。これはそのプロダクトを通じて「物語」を語ることそのものだからです。

その意味で、起業家とSF作家に必要な考え方は共通する部分があります。

物語は個人の視点から語られます。相手の脳にすっと受け入れられる話にするためには、個人の視点からの体験にするのが必須となります。

そのためには、想像する未来が現実になったときの状況について、カメラをクローズアップして個人の視点で考えてみます。

具体的には、こんな視点で考えられるとよいでしょう。

- **構想した未来には、どういうキーパーソンがいるのか？**
- **その人物はどういう生活をしているのか？**
- **個人から見た風景はどうなっているのか？**

・最悪な瞬間は何か？

ＭＮＴＳＱの場合であれば、キーパーソンとして、弁護士自身、弁護士事務所、大企業の法務部、大企業の経営幹部を挙げ、

・弁護士はどう思うのか？
・弁護士事務所はどう思うのか？
・大企業の法務部はどう思うのか？
・大企業の経営幹部はどう思うのか？

といったことを考えて、その中にいる人たちの思考・考えを予測します。

また、その未来が実現したことで起こるコンフリクトも考えます。コンフリクトとは、衝突や対立を意味する言葉で、物語には対立が必要です。対立には、意見の対立から、自社と取引先との対立など、様々なものがあります。

そして、その状況が起こることで、

図1-2 発想から物語化までの具体例

スタートアップ（Uber）なら？

発想のジャンプ	論理的推論	物語化
・もしすべてをシェアする世界になったら？ ・たとえば、自分が使っていないときの自家用車を有効に使うとしたら？	・シェアする、ということに関する問題は何か？ ・どのくらいの人が、自家用車のタクシーを使いたいと思う？ ・タクシーという業態はどうなっているか？	・知らない人の自動車に乗ることについて、どう思う？ ・運転が好きな人だったら、何を考えるか？ ・タクシー会社はどうする？ ・今のタクシー運転手はどう考える？

小説なら？

発想のジャンプ	論理的推論	物語化
・もし自動運転車のアルゴリズムがオープンソースになったら？ ・自動運転車がカージャックされたとしたら？	・自動運転車が急速に普及したらどんな問題が発生する？ ・自動車産業はどうなる？ ・何割程度普及する？ ・配送業界に影響は？ ・高速はどういう姿に変わっている？	・自動運転アルゴリズムを開発した人は何を迷う？ どうして開発した？ ・自動運転アルゴリズムの普及を決めた人は何を迷う？ どうして開発した？ ・自動運転アルゴリズムに関して最悪の事態を経験した人とは誰か？

出典：チーム安野

・社会的なコンフリクトはあるか？

・個人のコンフリクトはあるか？

を考えていきます。ビジネスであれば、そこは避けるべきポイントとして捉えられますし、小説を書くのであれば、そこは話を面白くするポイントになるかもしれません。

たとえば『サーキット・スイッチャー』（早川書房）を書いたときは、

・自動運転アルゴリズムを開発した人は何を迷ったか？

・自動運転アルゴリズムの普及を決めた人は何を迷ったか？

といったことを考えながら、プロットをまとめていきました。

・物語展開の型にあてはめてみる

全体像が見えてきたら、最後に、物語展開の型にあてはめてみます。

優れた物語には、驚くほど共通の型があります。たとえば、主人公が旅に出てメンターの助けを得ながら困難に打ち勝つヒーローローズ・ジャーニーなどが有名でしょう。そうした型を取り入れて物語にします。
詳細を説明するには紙幅が足らないので、参考図書を紹介しておきます。
『工学的ストーリー創作入門』(ラリー・ブルックス著　シカ・マッケンジー訳　フィルムアート社)
『SAVE THE CATの法則』(ブレイク・スナイダー著　菊池淳子訳　フィルムアート社)

一次情報を得るために、普通より一歩踏み込む

私は未来のことをあれこれ考えるのが好きです。何かを思いつくたびに、「これって、こういうふうになるんじゃないかな」などと、興味がありそうな人に聞いて回っています。

そんな私ですが、何か特別な情報源を持っているわけではありません。みなさんと同じようにネットのニュースやSNSを見て、気になる情報や新しく発表されるプロダクトがあれば、それについてちょっと調べてみる。

そんなことなら自分もやっているよ、という声が聞こえてきそうです。

まさにそうなのです。私が特別な何かをしているわけではないのです。ただ、違いがあるとすれば、私はそこから一歩踏み込んで、興味が湧いたらなるべく手

触り感のある情報を取りにいくことを心がけています。今や情報をどう処理するのかという点では差はつきません。だからこそ、**入力情報で差をつけることを考えています。**

たとえば、新しく発表された技術があれば、実際にそれを触ってみる。それをつくった人に話を聞きにいく。メディアで見聞きする情報は、誰かが加工した二次情報ですから、より一次情報に近い情報を取りにいったほうがよいということです。

実際に触れてみると、人から聞いたり、用意された説明を読んだりしただけでは見えてこないものが見えてきます。「すごくいい」と言われていたものが案外そうではなかったり、逆に、たいしたことないと思われていたものが、実はポテンシャルを秘めていたりといったことは、実際に触ってみてはじめて実感できます。その手触り感を大事にしています。

日本でVR（バーチャルリアリティ）が流行る少し前、世界に先駆けて6人同時プレーができるVRアトラクション施設"Zero Latency VR"ができたということで、オーストラリアのメルボルンまで遊びにいったことがあります。ニュースで見るだけでなく、実際に体験してみたいと思ったのです。メルボルンの市内中心部から車で15分ほど離れた閑静な住宅地の中の、倉庫のような建物にそれはありました。

体験したのは、チームでゾンビと戦うシューティングゲーム。オキュラス社のヘッドセットと銃を受け取ります。バーチャルな空間の中でどのように銃の位置や向きが認識されるのだろうと思っていたら、天井にたくさんのカメラが仕込まれており、そこでプレイヤーの動きを捕捉しているようです。今では当たり前ですが、当時ここまでの大がかりなVR体験はほとんどありませんでした。

壁や他のプレイヤーに近づきすぎるとアラートが発せられるようになっていたり、臨場感を増すために扇風機で風をつくったりと、様々な工夫が凝らされていました。このような工夫は現地に行かなければなかなか知ることのできないものでした。こうした一つひとつの解像度の高い体験が未来を考えるときのヒントになります。

二次情報はみんな見ていても、一次情報をとっている人はなかなかいません。コストをかけてでも自分の五感で確かめることにこだわると、自分に入力される情報の差別化ができます。

書店で気になった本の1ページ目をめくるかめくらないか

VRで遊ぶためだけに海外まで行くと聞くと、ものすごくハードルが高く感じられるかもしれません。でも、自分にとっては、街をプラプラ歩きながら、気になったお店に入ってみたり、書店で目についた本をパラパラめくってみたりすることの延長線上にあるのです。

毎日できることもあります。たとえば、いつもとは違う気づきを得るために、通勤ルートを日々変えてみる。日々の生活を「毎日同じもの」と眺めていると、変化に鈍感になってしまいます。ルーチンから外れる面倒くささをちょこっと外してあげて、いつもとは違うルートで帰ってみたり、1駅手前から歩いたりするだけで、新たな発見があるものです。

『エブリシング・エブリウェア・オール・アット・ワンス』という、2023年のアカデミー賞で7冠を達成したSF映画があります。この作品における重要な設定に、「この世界には多数の宇宙が存在しており、どの宇宙でも『自分』が存在している。それぞれの宇宙の自分はまったく違う境遇にある」というものがあります（複雑で説明しづらいので、興味があればぜひ鑑賞してみてください。オススメです）。

面白いのは、物語の主人公エブリンは「別の宇宙の自分」に乗り移れる能力を持つのですが、この能力の発動には「できるだけ発生確率が低い行動（つまり突飛な行動）をする」ことが必要になります。左右の靴を履き換えたり、変なダンスをしたり、いきなり鼻くそをほじってみたり。論理的に非連続で、統計的にあり得ない奇妙な行動をとることが、遠くの世界の自分とつながり、新たな能力を得るカギなのです。

映画を見ながら私は、「これって現実でも同じじゃないか？」と感じました。**遠くのどこかに行きたければ、新しい自分を見つけたければ、なるべく想像もつかない、発生確率が低いことをしなければなりません。**「エブエブ」ほどでなくても、日常の中で何かいつもと違うことをするための習慣を持つようにすると、世界が拓けるのではないかと思います。

私はどこかに出かけたときに、行きと同じルートで帰るのがイヤで、なるべく別の道を歩くようにしています。人は行ったことのない場所へ行くと、より幸せを感じるという研究もあるそうです。[*6] そういえば、都知事選挙への出馬を決めたのも、散歩中に妻と交わした言葉がきっかけでした。

散歩に加えて、大きい書店に行くのもよいでしょう。大きめの書店にはいろん

＊6　Heller AS, Shi TC, Ezie CEC, Reneau TR, Baez LM, Gibbons CJ, Hartley CA. Association between real-world experiential diversity and positive affect relates to hippocampal-striatal functional connectivity. Nat Neurosci. 2020 July.
https://pubmed.ncbi.nlm.nih.gov/32424287/

なコーナーがあって、自分の知らない世界と出会えます。そこをグルグル見て回るだけで、最近こういうのが流行っているんだとか、この人はこういう本を書いているんだといった発見がある。気になった本の1ページ目をめくるかめくらないかでも、気づくことは変わってきます。

そうして何か気づきを得たら、少し先の未来を想像してみる。ペット向けのサービスが急増しているのを見て、今後ペットへの遺言書サービスも出てくるのではなどと考えられるかもしれません。

思いつきをほかの人に話してみるというのも有効です。話しているうちに、自分だけでは気づけなかった発想やフィードバックがもらえます。友人や知人を巻き込みながら、ぜひ自分なりの仮説をぶつけ合ってみてください。

私は年末にみんなで集まって、来年はそれぞれの業界で何が起きそうか、お互いに発表し合うという忘年会をやっていたこともあります。翌年末にまた集まって、発表内容が実際に当たったのか?を振り返ると学びも大きく、盛り上がるの

図 1-3　2018年の未来予想の忘年会で使ったエクセル図表

予想内容	予想した人	聞いた人の予想 Aさん	Bさん	Cさん	Dさん
マイナンバー制度の見直しが本格化する	Aさん	同意		同意	
透明ディスプレイがデパートで実施される	Aさん	同意	同意	同意	
VR暮らし1か月越えの人が出てくる	Aさん	同意	同意	同意	同意
ひらがなが増える	Bさん		同意		
バーチャルユーチューバー同士の恋愛リアリティ番組がはじまる	Bさん	同意	同意		
ゲノム情報に基づいた保険	Cさん		同意	同意	同意

でオススメです（図1－3）。

「連続的」なトレンドと「非連続的」なトレンド

ひとくちに未来予測といっても、人口動態のような統計情報をもとにしたロジカルな予測と、数年後には何が流行っているか誰にもわからない非連続的な変化を読むトレンド予測では、だいぶ様子が違います。

前者で求められるのはロジックの積み上げなので、別にあちこち散歩に行ったり、美術館に行ったりして刺激を受ける必要はありません。シンクタンクやコンサルティング会社が得意とするタイプの予測ですね。

もう一方のトレンド予測については、たとえばフィーチャーフォン（ガラケー）が当たり前だった時代に、iPhoneの爆発的ヒットとスマートフォンへの切り替えをデータをもとに予測できた人はいませんでした。iPhoneが生まれる前には、携帯電話の需要予測をいくら積み上げても、見えなかった未来です。こういう非連続な変化については、ロジックだけではない、感性や、実際に体験してみてわかる手触り感のようなもののアシストが効くのです。

予測は「当たら」なくとも意味がある

とはいえ、非連続的なトレンドを予測するのは誰にとっても難しいことです。

ＡＩのように極端に変化が速い領域では、５年後の未来を正確に言い当てるのは、専門家であっても無理。となると、「未来予測なんて考えるだけムダだ」という人も出てきそうですが、私はそうは思いません。未来予測は外れるのが当たり前で、外れても外れても打席に立ち続けることに意味があると思うのです。

未来を語るというと、当てなくてはいけないと思うかもしれませんが、決してそんなことはありません。**起こる確率がわずかな未来も語ることに意味があります。**

実現するかどうかの確率は見積もれませんし、何より「語られない未来」は目指すことができないからです。

たとえば、誰が見ても「無理だろう」と思うことであっても、言葉にすればそれに向かって動くことができます。それがよりよい未来の状況であれば、実現する確率を上げるために努力することができます。

私がいるスタートアップの業界は、10年後に残っている会社は6・3％というデータがあるくらい競争の激しい世界です。成功した会社を見ても、最初のプロダクトのまま成長できた会社は少なく、別の事業にピボット（方向転換）をすることも多いです。そういう業界を見てきたので、一発必中なんてことは最初からねらいません。10回考えて1回当てる、つまり打率1割でもいいほうで、ほとんどの予測はハズレるものだと思っているわけです。

予想がハズレることに対する心理的なハードルが低いと、もし空振りをしても、いちいち落ち込まずにすみます。当たらなくても気にしないこと。非連続的な予想を100個立てたとしたら、1個くらいは当たるはず、と思って、どんなに打率が低くてもあきらめずに打席に立ち続ければ、いつかはきっと当たるでしょう、というわけです。

予測する未来と現実化させる未来

なお、未来についての予測をどのように考えるかについては、2つの立場があると思います。

1つは、自分はあくまで傍観者の立場で、世の中どうなるかなと外から眺めるような予測です。

もう1つは、その未来を実現するために自分も主体的に関わっていくタイプの予測です。近い将来こうなったらいいな、そのためには自分はこれができそうだ、という関わり方です。

前者のスタンスをとる場合、おそらくこうなるだろうという未来を予想して、今の行動を選択します。未来の状況は変わりませんが、予測を活かして自分が恩恵を受けられるかもしれません。株式投資などがこれに代表されるでしょう。ある意味、この予想に良いも悪いもありません。

後者は、「こうなってほしい」未来を想像して、それに向けて今の行動を選択します。

すると、その未来の発生確率を変えることができます。同じ「未来」の話でも、前者と後者では性質が異なるのです。

未来を現実にするために「語る価値のある未来」は何か

誰も想定していない「インパクトのある未来」を見つける

ときに社会に影響を与える「未来」の予想があります。

では一体、どのような未来が「語る価値のある未来」なのでしょうか？

ビジネスデザイナーの濱口秀司氏は、イノベーションに最も大切な要素として、それが「議論を呼ぶもの」であることだと述べています。そのアイデアを見たときに、全員が諸手を挙げて賛成するものも、また逆に全員が反対するものも、イノベーションではない。私たちが無意識に縛られている考え方、つまり認知バイアスから外れたところに、イノベーションが生まれるというのです。

濱口氏のこの考えに私は大いに影響を受け、**良いか悪いか／成功するかしないかをすぐには判断できないアイデアを大切にする**ようにしています。そうすることで、既存の常識や枠組みを壊し、新しい視点が獲得できるようになるのです。

私なりの「語る価値のある未来」が持つ性質を、２つご紹介します。

１　皆が同意するインパクトのない未来よりも、皆が同意しないインパクトのある未来

みんながなんとなく想定している未来は、語り直す意味がありません。改めて提示されたとしても気づきが少ないからです。

誰も想定していないけれどインパクトのある変化こそ、語ることに意味があります。


そもそもイノベーションは議論が巻き起こりそうなアイデアから生まれる、といわれます。インパクトのあるイノベーションは、既存の常識や枠組みを壊し、新しい視点が取り入れられているため、反対意見も出やすいのです。

たとえば、Airbnbは、誰がここまで普及すると思ったでしょうか。

当初、「見知らぬ人の家に泊まるのは危険」「誰が自宅を貸すのか」と思う人は多かったはずですし、現行法の問題もありました。しかし、創業者たちは信頼性を高める仕組みを整え、レビュー制度やホスト保証を導入。利便性を向上させることで、徐々に受け入れられていきました。

誰もがそれに同意しませんから、議論になりますし、反対意見や批判にもさらされたことでしょう。

しかし、それは単にほかの人がAirbnbの可能性に気づいていないだけだったのかもしれません。

ペイパル・マフィアのドンともいわれるピーター・ティールは、著作『ゼロ・トゥ・ワン』（NHK出版）内で「賛成する人がほとんどいない、大切な真実は何だろう」と表現していますが、そういう市場を見つけることこそ真の差別化であるとし、市場はそれに報いてくれると言っています。

2 頭に残ってしまう未来

歴史を振り返ると、社会がガラリと大きく変革したときには、その背後に必ず新たなテクノロジーの登場がありました。グーテンベルクが活版印刷を発明して、誰でも母国語で聖書を読めるようになった結果、宗教改革が起きましたし、蒸気機関が登場してはじめて人類は人力や馬力を超える動力を手に入れました。

アメリカで科学史を専門とする哲学者のトーマス・クーンは、科学の進歩には、従来のパラダイムの中での緩やかな進歩と、世代交代による新しい転換で起こるパラダイムシフトがあると述べています。

新たなテクノロジーが生まれることで社会が変わる。これを逆から見ると、今までは、テクノロジーの進化のスピードが、社会が変化するときのボトルネックとなっていた、ともいえそうです。

図 1-4　技術進化のスピードが社会の変化のスピードを追い越した

昔

技術が発明されるスピード　＜　技術を社会が受け入れるスピード

2020年代～

技術が発明されるスピード　＞　技術を社会が受け入れるスピード

一方現在は、技術の進化は指数関数的に伸びていますが、社会が変化する速度は低下しているといわれます。

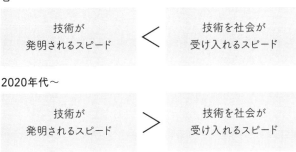

技術の進化に関する法則としては、「シンギュラリティ」を提唱したレイ・カーツワイルによる「収穫加速の法則」をご存じの方も多いのではないでしょうか。

1つの重要な発明が他の発明と結びつき、イノベーションの速度を加速することで、科学技術は直線的ではなく、指数関数的に進歩していく、という法則です。現在のAIの進化や、これまで10年で計算速度が1000倍にもなる進化を遂げているスーパーコンピュータを見ていると、その速さを実感できるのではないでしょうか。

今は、テクノロジーの進化のスピードが現実社会を追い越してしまって、現在ボトルネックとなっているのは、新しいテクノロジーを受容する社会の側なのではないか。特にＡＩの進化を見ていると、そう感じます。

たとえば、アメリカではアリゾナ州で２０１８年に自動運転タクシーのサービスをはじめたＷａｙｍｏが、カリフォルニアなどの地域でレベル４のサービスを一般開放しています。しかし日本では、商業利用のための法整備がなかなか進まず、これからというところです。

またＡＩについても法整備が遅れていますし、そもそも私たちが理解できていないという問題もあります。

このような状況で新しいことを浸透させていくには、**「物語」の力**が必要です。

特に「脳が受け入れやすい」物語をつくることができた技術が普及していくように思います。

たとえば、テスラやスペースXの創業者であるイーロン・マスクは、"Making Humans a Multi-Planetary Species" という題で、人類が複数の惑星に住み、惑星間を行き来しながら生活するという未来構想を発表しました。その中でイーロン・マスクは、いずれ来る地球滅亡の日のために、どの惑星で暮らすのがよいのかを分析してまとめ、最終的に火星で自立した文明を築くことを掲げています。

スペースX社のミッションが「ロケットを安く打ち上げるぞ!」だったら、ここまでの成長はできなかったかもしれません。やや荒唐無稽ではありますが、この話のおかげでスペースX社の評価額が1000億ドルにもなったといわれています。

人間は良くも悪くも物事を「物語」として理解してしまう生き物です。

みなさんも語るべき「未来」を考える補助線として、これらの性質を活用してみてください。

それが悪いほうに出ると陰謀論になりますが、正しく活用することで、よりよい未来に導いていくことができるでしょう。

テクノロジーの進化に追いつくよりも、大事なこと

「先読みできない未来」の中で大事なのは「コンパス」と「軌道修正」

私はソフトウェアの中でもＡＩに関連する開発をメインにやってきました。

ＡＩならではの特殊性というと、ただでさえスピーディなソフトウェア開発の中にあって、変化の速度が桁違いに速いことが挙げられます。ＡＩに関する論文数は指数関数的にガンガン増えていて、ＡＩの専門家ですら、すべての動きをキャッチアップするのは事実上不可能になってきています。そのため、たとえば5

年後にＡＩがどれくらい賢くなっているかという議論をしても、まだ全然だよと言う人もいれば、人間より賢くなっているだろうと言う人もいて、非常に不確実性が高い領域であるわけです。

それだけ変化の激しい世界なので、未来を確実に見通すことなど、誰にもできません。そこで紹介したいのが**「地図よりコンパス」**という言葉です。事前に地図を用意しても、目的地もそこにたどり着くための最短ルートもどんどん変化する。そんなときは固定的な地図を頼りに動くよりも、コンパスを持ってそのつど、進むべき方向を軌道修正しながら行動したほうがよいのです。

日々テストと修正をくり返して小さな改善を積み重ねるのは、近年のソフトウエアエンジニアのやり方でもあります。特にウェブ界隈では、改善の回数が多ければ多いほどよしとする文化があります。たとえばYouTubeのようなサービスは、日々、細かなバージョンアップをくり返しています。これがハードウェアなら、改良版が出てくるのに早くても半年、遅ければ数年以上かかったりしますが、変化のスピードが極端に速く、不確実性が高い環境では、そんな悠長なことをしていたら間に合いません。小さな改善を積み重ねて短期間で成果を出すアジャイル的[*7]な開発手法が主流になっているのは、そのためです。

今回の都知事選で、マニフェストを一度発表して終わりではなく、みなさんの声を反映してアップデートを重ねたのも、ソフトウェア開発のやり方を取り入れた結果です。誰でも声を上げられ、その内容がよければ、すぐに実現に向けて動き出す。政治や行政の世界に、デジタルツールのリアルタイム性や双方向性を持ち込めば、それだけ多くの声や知恵や価値観を織り込める可能性が高くなる。その実例をお見せできたのではないかと思います。

*7　アジャイル開発　小さな単位での開発をくり返すソフトウェア開発の方法。従来の最初にすべて決めてから開発をはじめる「ウォーターフォール型」とは異なり、変化に強い開発手法といわれる

テクノロジーとどう向き合うか

AIは数多のテクノロジーの中でも最重要領域

世の中で語られるＡＩの話を聞いていると、今すぐにＡＩがなんでもかんでも人間に代わってやってしまうような印象を受けるものもあります。しかし実際には、まだできないこともたくさんあります。

ＡＩのソフトウェアの分野は、今後次のような段階を踏んでいくのではないかといわれています。

・人間との会話に自動で応答するレベルのＡＩ（チャットボットなど）
・論理的な推論（リーズニング）ができるＡＩ
・自律的に動き、思考して何かアクションを起こせるようなＡＩエージェント
・人間並みに色々なことを考えられるＡＧＩ（Artificial General Intelligence：汎用ＡＩ）
・人間を超えたＡＳＩ（Artificial Super Intelligence：超ＡＩ）

自然な日本語で対話ができるチャットボットのレベルから、ＡＩはどんどん進化していきます。２０２5年3月現在は、質問に応答するようなＡＩがよく使われていますが、近年では自ら推論を組み立てられるようなＡＩ（ChatGPT でいえばｏ１シリーズが該当します）、続いて、自律的に考えて自らアクションを起こせるようなＡＩエージェントが登場してくるでしょう。

25年3月現在でも、たとえば「明日の札幌行きのフライトを予約して」とアプ

リに伝えるだけで、勝手にフライト検索&チケット購入サイトで予約してくれるといった、ごく初歩的なエージェントは出現してきています。ここまでは確実に実現する未来です。

いずれは、人間並みに様々なことを考え、実行できるＡＧＩ（汎用ＡＩ）が実現するといわれています。最終的には、人間の知能レベルをはるかに超えたＡＳＩ（超ＡＩ）が登場する未来が待っているかもしれません。何年後に実現するかはわかりませんが、進化の方向性としては、間違いないと考えています。

ハードウェアの面では、ロボティクスや自動運転、自動操縦などへのＡＩの応用が本格化していきます。しかし、ヴァーチャル空間で完結するソフトウェアと違って、リアル世界では物理的な制約や、人間の生命に直接関わるリスクもあるため、ソフトウェアの進化と比べると、やや時間がかかるはずです。

AIの進歩でエネルギー・バイオテクノロジーも変わる

AIが普及すればするほど電力が必要になるため、エネルギー源は重要な問題です。

地球温暖化の観点からも、CO_2を出さないといわれる再生可能エネルギーの発電効率がどれだけ上がるか、また、天候や時間帯に左右されやすい再生可能エネルギーの弱点を補完するための、蓄電池の容量とコストがどうなるかといったことは要注目のテーマです。

さらに核融合発電ができるかどうかで、人類社会の未来のシナリオが大きく変わってくるでしょう。

核融合は、軽い原子核同士を融合させて、より重い原子核をつくる際に、わずかに失われる質量が大量のエネルギーに変換されて放出される反応で、アインシユタインの特殊相対性理論の有名な公式「$E = mc^2$」から導かれます。これが実現すると、太陽がほぼ無尽蔵のエネルギーを放出しているように、人類もわずかなコストでほぼ無尽蔵のエネルギーを手に入れることができます。これは人類発展の大きな岐路となる可能性を秘めているのです。

実はディープマインド社の研究などでは、この核融合の制御にAIの強化学習という分野を活用する研究が行なわれています。AIはエネルギー問題の解決の鍵も握っているかもしれません。

再生医療や遺伝子編集などのバイオテクノロジーの進化にも、AIが深く関わっています。

タンパク質の構造解析は、組み合わせが膨大すぎて大変手間がかかる作業でしたが、AIによってタンパク質の構造が予測できるようになったため、様々な化合物の探索が急速に進むようになりました。この研究は創薬研究などに活かせるもので、2024年にノーベル化学賞を受賞しています。近い将来には、AIがつくった薬は当たり前のものになっているでしょう。

ロボティクスもエネルギー問題もバイオテクノロジーも、ＡＩの進歩によって恩恵を受ける分野です。ＡＩの進歩は、これまでの想像以上に影響範囲が大きいと考えられます。

ＡＩは生死の概念にすら影響する

ＳＦ的なところでは、ＡＩは生死の概念にすら影響を及ぼすでしょう。

都知事選の際に活用した「ＡＩあんの」は、私のマニフェストを学習して、私の代わりに政策について回答できるようにしたＡＩです。

当時はマニフェストについての説明に特化したＡＩでしたが、このまま学習データを増やしていき、私の過去の言動のテキストデータや動画、音声ファイルなどを大量に学習させ、ＡＩの性能も今よりももっと高まれば、どんどん本物の私の振る舞いを高精度に模倣できるようになるでしょう。

私がいかにも言いそうなことを、私の声色や話しぶりで発言できるようになれば、それが、私自身か、アバターなのかを見破ることは困難になります。

死者のアバターを残すこともできるようになるはずです。肉体は残らなくても、周囲の人は、その人の分身と話ができる。これは、形を変えた永遠の生命ともいえるかもしれません。

これは、ご遺族や生前関わった方からみると「死者への冒涜《ぼうとく》」という批判も出るかもしれません。死者が社会的影響力を持ち続けることが果たしてよいのかという議論も起きています。

ＡＩの発展は、当たり前だと感じていた常識にも根本的な疑問を投げかけてきます。

AIは人間の生活をよくするパートナー

世の中が生成AIブームに沸く中で、AIにはこれもできる、あれもできるということばかりクローズアップされると、どうしても「自分の仕事がなくなっちゃうんじゃないか」「技術音痴の自分は時代に取り残されるかも」と不安に感じる人もいるようです。

これはその方のテクノロジー観とも関係してくると思いますが、現状、AIとの向き合い方は、大きく次の3つに分けられるのではないかと思います。

1つは、神のように崇める
2つめは、単なるツールだと割り切る
3つめは、その中間で、人間のパートナーとなる

という見方です。

私自身は、ＡＩは人間のよきパートナーになり得る存在だと思っています。まさにドラえもんとのび太のような関係性が望ましい。少なくとも、ＡＩは人間の生活をよくするものにすべきであって、人間と敵対するものにしないよう、技術開発を推し進めなければならないということです。

今回の都知事選でも、マニフェストの策定における最終的な意思決定までＡＩによって自動化すべきとは、まったく考えていませんでした。そもそも現在のＡＩには、多角的な情報を元にバランスの取れた意思決定をする能力はありません。ＡＩの限界を知っているからこそ、どこにＡＩを使ってどこにＡＩを使わないのかを切り分けることができます。検討の結果、多様な意見を集約・要約する部分と、私の代わりにみなさんと対話する部分をＡＩに一部任せ、自分は政策を決める部分を担うことにしたのです。よく「ＡＩに政策をつくってもらったのか」と聞かれますが、そのような使い方は今回はしませんでした。

みなさんから寄せられた意見についてはチームで議論をしましたが、最終的にマニフェストに採用するかどうかを意思決定したのは私です。みなさんの声に耳を傾けつつも、最後は安野という候補者個人の責任のもとで決める。今回の都知事選においては、この形がベストだと考えました。

誰も先端技術についていけなくなる

環境の変化に適応できる個人や企業、国家が最も強いといわれます。

しかし、ことAIについては、進化のスピードが速すぎて、専門家でも数年後の姿を正確に予想することはできません。プロであっても追いきれていないのですから、**誰もが取り残されつつある**という見方もできると思います。

1人の人が、あらゆる分野で取り残されないということは、現実的ではなくなってきているように思います。ある部分でキャッチアップできていても、別の部分で取り残されています。

したがって、時代に取り残されたくないと自分にプレッシャーをかけるよりも、**むしろ、取り残されることのほうがデフォルト（初期状態）である**と考えておいたほうが、自信を失わなくてよいのかもしれません。

かといって、自分にはＡＩなんか関係ないと、すべての情報をシャットアウトしてしまうのも、もったいないことだと思います。

将来、ＡＩはかつてないほど格差を広げるでしょう。これは、すべての技術が持つ根本的な性質だと考えます。

たとえば、人類が火を使えるようになったとき、火を自在に扱える人とそうでない人の間に一定の差が生まれたかもしれませんが、ＡＩが影響する範囲は火が使える場面以上に広がるはずです。そのため、ＡＩを使いこなす人とそうでない人の間には、火を使える人と使えない人以上に、決定的な差が生まれる可能性があるのです。

特に営利企業は、こうした変化に本気で追従しないと、競争の中で淘汰されてしまう可能性が高いでしょう。

見方を変えると、AIは使いこなせば使いこなすほど得も多い、習得のコスパが非常によい技術だといえます。

AIはデジタルに疎い人を助けるテクノロジーである

一方で、AIは格差を広げますが、同時に社会のボトムも上げていきます。

テクノロジーの進化はこれまでも人間のあらゆる可能性を広げてきました。

たとえば、メガネというデバイスができたことによって、視力の悪い人であっても、視力が良い人と同じくらい見えるようになりました。車椅子ができたことによって、足の不自由な人の移動の選択肢が広がりました。便利なテクノロジーは人間の選択肢を広げてきた歴史があります。

ＡＩも同じです。ＡＩの技術はＩＴやパソコンに詳しくなくても、簡単な操作や会話だけで使えるため、幅広い人々がその恩恵を受けられます。これをやりたいという意思があれば、実現の手助けをしてくれる。ＡＩはそんな存在になるはずです。

今までのウェブやスマホなどは、使うために最低限の知識が必要でしたが、ＡＩは「これをやってほしい」と私たちが普段使っている言葉で、思うような結果を出してくれます。技術的なことをまったく知らなくても使えるのがＡＩの特殊な点でもあります。

今はＡＩエンジニアやプログラマーの市場価値が高いですが、この先、そういう作業の価値は相対的に下がっていくでしょう。現に今でも、ChatGPTでコードが書けるようになってきています。

実際、ビッグテック企業でも、ＡＩの活用によりエンジニアの採用を抑える動きを見せています。

セールス・フォースのマーク・ベニオフは、ＡＩを活用してエンジニアリングチームの生産性を30％以上向上させたとして、２０２５年には新たなソフトウェアエンジニアの採用を行なわない方針を示しています。

かつてのエンジニアユートピアは終焉を迎え、今後はＡＩを活用できるかが市場価値を大きく左右するでしょう。私自身も、今のスキルに甘んじるのではなく、ＡＩと共存しながら価値を高める方法を模索しなければと実感しています。

ＡＩは、究極的には、人間に代わって意思決定するのではなく、人間の意思をうまく汲み取って、そこから先の作業を代行してくれる存在になるのではないかと私は考えています。

たとえば、私が「未来はこうなるといいんじゃないかな」と示したら、ＡＩがそれを実現するために必要なことを検索してくれる。人間に求められるのは、どっちの方向に進むかを決める舵取り役です。

将来のビジョンや未来像を考えることの価値が高くなるでしょう。

小さなことから未来を少しずつ傾けていく

「未来をつくる」というと、大事《おおごと》のように思われるかもしれません。しかし、大きなことをしなくても、日々の中での「少し変えてみる」という行動の積み重ねが、ありたい未来を実現していきます。

既定路線から外れて「もっとこうしたほうがよいのでは？」と提案し改善を加えていく行動は、未来を「少し傾ける」ことにつながります。そうした行動の積み重ねが、未来を新しい方向へ導くことになります。

それは本当に小さなことでもよいと思います。

たとえば、前例踏襲で今年も同じイベントをやろうと言っている中で、「いや、

図1-5 フューチャーズ・コーン

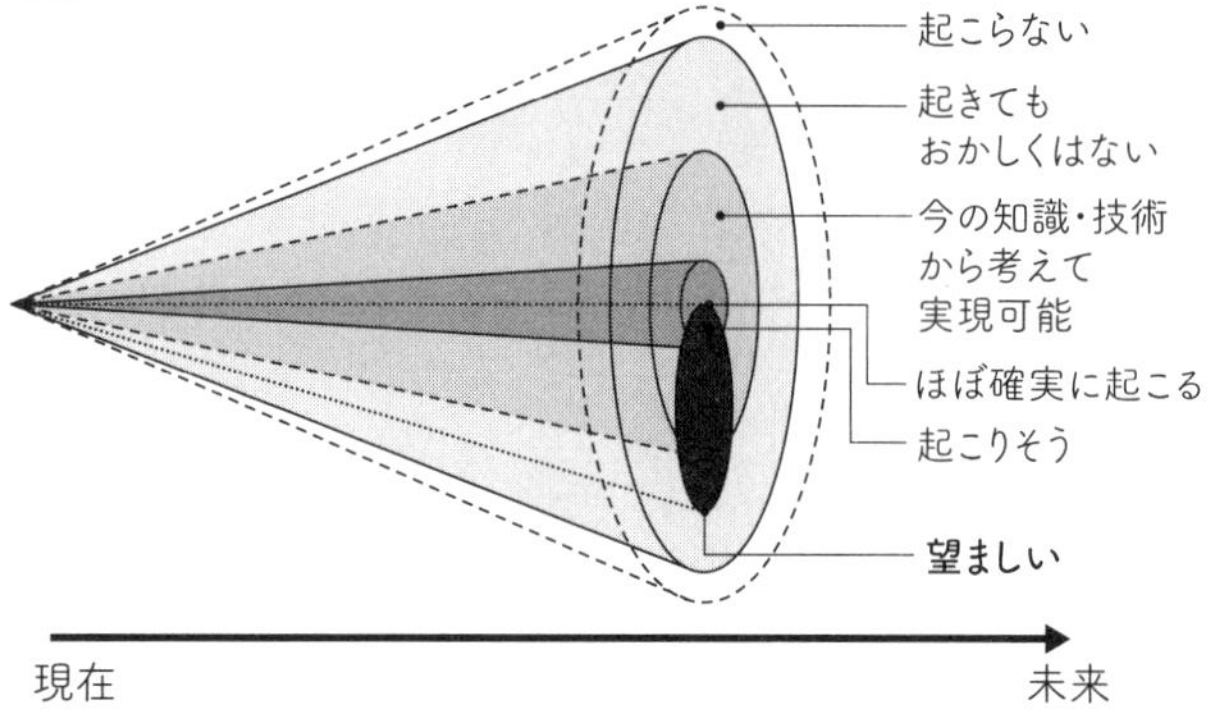

出典：Voros, Joseph. 2017. 'Big History and Anticipation: Using Big History as a Framework for Global Foresight'. In *Handbook of Anticipation: Theoretical and Applied Aspects of the Use of Future in Decision Making*, edited by Roberto Poli, pp426–64. Springer International. https://doi.org/10.1007/978-3-319-31737-3_95-1.

今年はこういうふうにやってみよう」と提案したり、「イベントの名前をちょっと変えたほうがいいんじゃないか」「最後にビックリマークをつけたほうがいいんじゃないか」などと、小さなことでも議論したり。

あるいは「昨年はうるさい先輩がいて嫌だったよね。だから俺たちはこう変えよう」と方針を立てるのも未来をつくる1つです。そういうことを、色々と大小行なって、未来を少しずつよい方向に傾けていきます。

デザインシンキングの領域に、「フューチャーズ・コーン」と呼ばれるものがあります。

現在が円錐の先端にあり、その直線上に「ほぼ確実に起こる」未来があり、それを囲むように「もしかしたらこうなるかもしれない」未来の可能性が存在します。そして、特に目指したい未来（「望ましい未来」）は、円錐の中心ではなく少し下のほうに位置している。そこに向かって軌道修正することが、人類全体でよりよい未来をつくるために重要だと考えられています。

とはいえ、その行動自体は、案外身近にあるものです。

たとえば、就職活動で「学生時代に力を入れたこと」として、「今までこうだったことを、こういうふうに変えてみた」などと話すことがありますよね。葛藤しながら進めたり、ときには失敗したこともあるのかもしれません。

そうした「自分たちで工夫し、実行した」という姿勢そのものが、未来をつくるための第一歩なのです。

一つひとつの影響の範囲は小さいかもしれないけれど、みんなが少しずつ動くことで、未来は少しずつ変わり、最終的に社会全体が少しずつよい方向へ向かっていくのです。

第2章

小さくはじめる技術

STEP2　ゴールまでの戦略とストーリーを考える

初めて一歩を踏み出すために

初めてのことに挑戦するときは、なかなか一歩を踏み出せないという人もいると思います。それは私も一緒です。

何かをはじめるときは、どうしても不安になります。様々なことが見えている人であればあるほど、将来のリスクを前にして、動けなくなってしまう。

そんなときは、まず、そのリスクの正体を見極めましょう。

たとえば、起業にしても、借金をして事業をはじめるのと、出資を受けて事業をはじめるのではリスクの種類が違います。

借金の場合は、出資よりも簡単にお金は集められるものの、返済が大変ですし、利子も払わなければなりません。一方、出資の場合は、提供していただいたお金を返す必要はありませんが、出資額が大きくなると、経営の自由度が制限されることがあります。

もう少し分解して考えていくと、リスクの取り方には次の3つのパターンがあります。

1 マイナス側にもプラス側にもリスクが広がっているタイプ

たとえば普通株への投資です。株式が上がれば大きなリターンがありますが、下がればマイナスになります（正確にはショート（割高の株を売る）とロング（割安の株を買う）で上限がつくか下限がつくかが異なります）。

2 マイナス側に限度があり、プラス側は広がっているタイプ

宝くじや金融取引の一種である「コールオプション」がこれに該当します。

宝くじは1枚300円、何枚買ったとしても、自分が最初に買った以上の金額を失うことはありません。しかし、当たれば1億円以上のお金が入ってくる可能性もあります。

コールオプションとは、ある金融商品を、市場価格に関係なく、あらかじめ決めた金額で購入できる権利のことです。買ってからその金融商品の価格が値上がりすれば上限なくリターンが得られますが、下限は買ったときの価格で決められています。なお、株価が上がる確率は宝くじで当たる確率よりは高いでしょうが、宝くじほどのリターンはないため、図2-1の2の図よりも振れ幅は小さくなります。

3 マイナス側が広がっていて、プラス側に限度があるタイプ

旅行保険に入らないこと、がこれにあたるかもしれません。

旅行保険に入らなければ、出費がなく保険代が節約できますが、渡航先で重大な病気にかかり、現地で手術した場合、莫大な医療費になる可能性もあります。その点で「リスクの下限は無制限」といえます。

図2-1 リスクの取り方

1

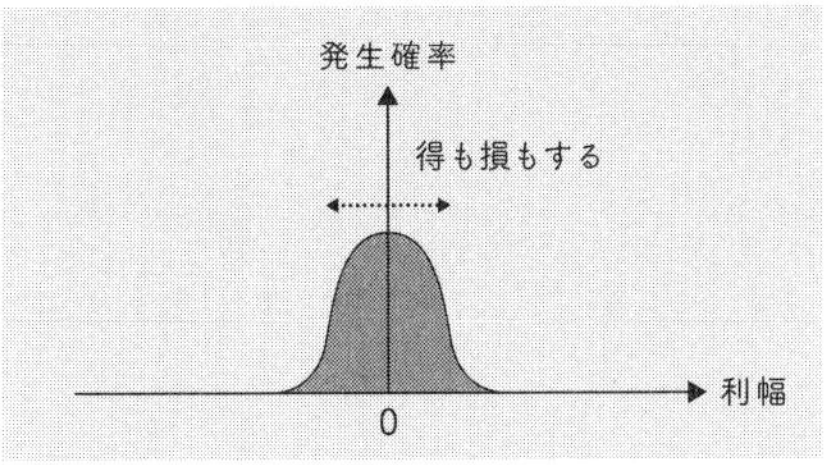

均等なリスクテイク

2

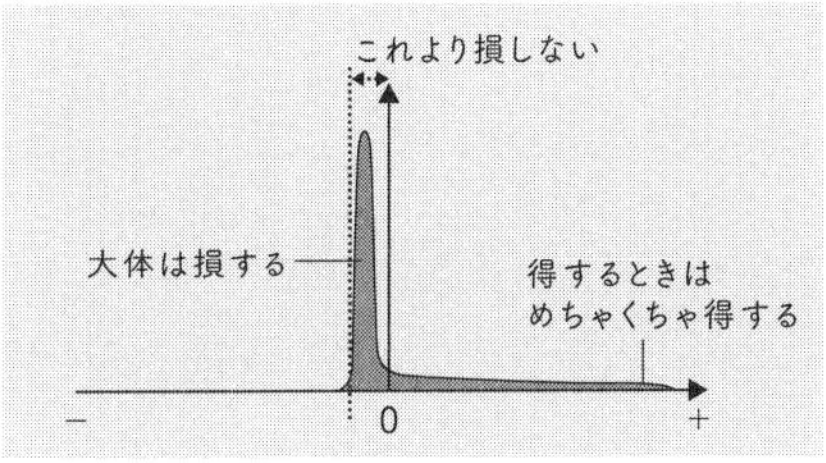

宝くじ型

3

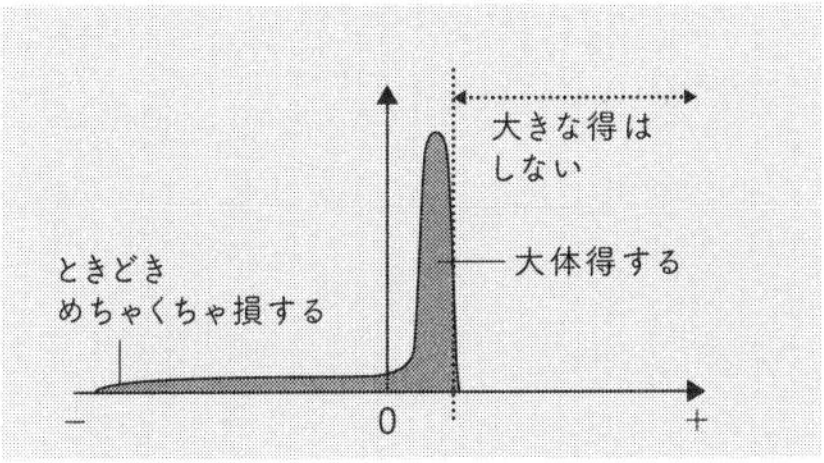

旅行保険にあえて入らない

私がオススメするのは、**2の「マイナス側に限定があり、プラス側は広がっているタイプのリスク」**です。「一番失敗したときでもこのくらいの損失ですむ」ことが見えているけれど、成功したときのリターンは大きい。そんなタイプの挑戦を積極的にしたいと思っています。

たとえば、スタートアップや新規事業でも、最初は副業的にやってみて、ダメならすぐに撤退、勝算があるとわかってから本腰を入れるというやり方もできます。私はリスクに対するリターンが見合うと判断できるものについては、打席に立つことを選びます。

2の形のリスクであれば、失敗しても人生において致命傷にはなりません。これはメンタル的にも非常に楽です。

300円という低リスクで1億円当たるかもしれない宝くじを買う人が多いのと同様で、「低リスクでこんなポジティブな結果が生まれるかも」と思える楽しいタイプの不確実性になります。

ただし、宝くじは期待値がマイナスのコールオプションといえます。当たりの数は決まっており、胴元にどれくらい渡るのか（控除率）は、日本では50％強です。１００円買ったら平均的には25円損します。でも実世界には「期待値プラス」のコールオプションもたくさんありますので、ぜひそうしたものを探してみてください。

リスクの形を事前に調べる

自分の取ろうとしているリスクがどんなものであるかは、当然調べないとわかりません。適切なリスクを取るために、私はよく事前にアセスメント（事前評価）をしています。

都知事選のときも、そうでした。

4月の中旬頃に選挙に出るのはどうかと検討しはじめたものの、なにしろ未知の分野ですから、どんな問題が起こり得るのか見当がつきません。

そこで、事前のリサーチとして、詳しそうな人に話を聞くことにしました。といっても政治家の知り合いはいませんので、コールドコール（面識のない相手に営業をかける方法）で、「ちょっと話を聞かせてください」と何人かにお願いしました。そこで、国会議員、都議会議員、台湾のデジタル発展部の元大臣オードリー・タンさん、過去都知事選に出馬された家入一真さんにお話を伺えることになりました。

そのときに質問したのは、主に次の2つです。

・どのように選挙活動を行なったのか？

・出たときにどういうアップサイド（プラスの面）、ダウンサイド（マイナスの面）があったのか？

特に後者については、「嫌がらせを受けたことはありますか？」「職を失うようなことはありましたか？」といった、経験者以外には見えにくいリスクについても確認しました。

そこで出馬したら変な人に狙われて、家庭も崩壊して……なんてことを言われたら考え直そうと思っていたのですが、話を聞いていると、真面目に選挙活動をしている分には、仕事にも特段影響も出ず、そんなにリスクはなかったと。だとすれば、お金の面のリスクはあるけれど、損失はある程度の範囲内に収まるだろうと判断できました。ダウンサイドは限定的で、アップサイドはかなり大きい。先の例でいうとコールオプションを買うときのリスクと同様です。だったら出ようと意思決定できたわけです。

はじめる前に想像しているだけでは、具体的なリスクもわかりません。ただ心配なだけで、前に進めない状況にもなり得ます。

でも、アセスメントをして、どんなリスクがあるかをきちんと確認した上で、そのリスクは取っても問題のないリスクかどうかを具体的に考えていくと、安心して動くことができます。たとえ最悪の事態になったとしても、「それでも問題ない」とわかっていることは非常に重要です。

この考え方は、起業や大企業の新規事業立ち上げ、あるいは発明など、何か新しいことをはじめる際に応用できます。何かをはじめる前に、「自分が取ろうとしているリスクはどのような種類のものか」をしっかり考えることが、挑戦をしやすくします。

ちなみに、選挙活動中、ネット上で私を誹謗中傷する人はそれなりにいました。ただ私自身は、そういった中傷が実生活に大きな影響を与えるとは感じていません。「安野はいけすかないやつだ」「髪が長い」「売名行為だ」といったコメントが寄せられることはありましたが、それらはネット上での批判にとどまるものでした。

もし殺害予告のような深刻な内容があれば話は別ですが、今回の選挙ではそこまでの事態には至りませんでしたし、このような罵詈雑言は、どの候補者にも一定数寄せられるものだと捉えていました。

未来を形にするために、小さな実験をくり返す

リスクについての検討が終わったら、起きるといいなという未来を先取りして、小さく実現していきます。デザインや新規事業の領域では「スペキュラティブデザイン」と呼ばれるものですが、いかにもありそうな想像上の未来をデザインなどの形に落とし込んでみて、そこを起点にあれこれ試しながら現実化していく手法です。

未来のイメージを現実世界で実現するために、自分たちに何ができるか。実験のように小さな試行錯誤をくり返して、思いを形にしていくこのやり方を、私たちは**「投機的実験」**という造語で呼んでいます。

ここでいう「投機」というのは、コンピュータサイエンスで、いずれ必要になる計算を先に実行しておくことを「投機的実行」と呼ぶのにならっていて、未来を先取りすることを意味しています。

今回の都知事選もまさにこの一環です。テクノロジーがこのまま進化していけば、遅かれ早かれ選挙のあり方や、政治のあり方が変わっていくはずです。それを小さく先取りをして、たとえばエンジニアがソフトウェア開発でよく使うGitHubというプラットフォーム上で政策議論をする、その結果をマニフェストにまとめるといったことを実践し、私たちが思い描くデジタル民主主義を実現していくことを目的としていました。傍観者ではなく当事者として、こうなったらいいなという未来を自分たちの手でつくっていくわけです。

未来をつくる手段は1つじゃない

未来を実現するために会社を立ち上げるとか、アート作品をつくるというと、いきなりハードルが上がってしまって手が出ないと感じるかもしれません。しかし、アウトプットにも様々なバリエーションがあり、難易度にもグラデーションがあるのではないかと思っています。

たとえば、Xに投稿してみるとか、インスタグラムに写真をアップしてみる、ブログを書いてみる、友だちとポッドキャストでしゃべってみる、ショート動画をつくってみるといったことも、未来をつくるためのアウトプットになるのです。

モノづくりができる、デザインができる、文章を書けるといった自分なりの表現手段を持っておくと、何か未来像が思い浮かんだときに、それをアウトプットして他人にシェアすることができるので、未来をつくる障壁を乗り越えやすくなるのではないかと思います。

そういう小さなアウトプットで成功していくうちに、中ぐらいのアウトプット、そして大きなアウトプットにステップアップしていくことができるかもしれません。

ソフトウェアに詳しくなくても、インスタでの発信が目に留まり、誰かのインスタの運用を任されて、そのうち、企業のインスタ制作・運用の専門として起業するといったこともあるかもしれません。

私が幸運だったのは、ソフトウェアを書くというアウトプットの手段が手の届くところにあったことです。ソフトウェアの開発は事業にも直結するため、「会社を立ち上げる」こととかなり近いところにあります。

なかには、SNSにポストすることが苦手という人がいるかもしれません。そんな人でも、「いいね」を押すことはできるのではないでしょうか。自分自身でアウトプットはできなくても、誰かの後押しをすることはできます。

身近にそういう人の存在を感じているだけで、あなたも未来づくりに参加できるし、そのうち自分でもやってみようと思う原動力になるかもしれません。

現実に、そういう人の近くにいるということでなくても、たとえば、応援のコメントを送るとか、ブログで紹介するとか、動画をつくってみるとか。そういうことも、未来をつくっていくための1つの行動なのです。

打席に立てる数は増やせる

何かに挑戦したいなら、打席に立ち続けることも大事です。

バットを振らないと、絶対にヒットは打てません。

当たり前のことですが、重要なことだと思います。

そもそも立たない人はたくさんいます。

みなさんが何か新しいことをはじめるとき、どんなことを考えるでしょうか？

1　やり方を学んでからはじめる

2　まずははじめて、たくさん経験を積む

不確実性の高い挑戦をしたいなら、打席に立ち続けなければなりません。これにはいくつかの理由があります。第一に、成功率が低い場合、何度もバットを振らない限り、絶対にヒットは打てないこと。第二に、バットを振りまくっているうちに、徐々に成功率そのものを上げていけること。第三に、そもそも新しい挑戦の場合は事前にやり方を学ぶことができません。上達のための教材づくりも自分でやるしかないのです。いくつかのヒントを挙げておきます。

・数をつくるか、クオリティを高めるか？

一つ面白い話があります。『Art & Fear』（デビッド・ベイルズ、テッド・オーランド著 Image Continuum Pr）という書籍の中で紹介されているエピソードなのですが、授業で生徒を2グループに分け、1つのグループは「とにかく数をつくる」ことを、もう1つのグループは「クオリティを最大限高める」ことを目標にして、一定期間、つぼをつくる練習をしたそうです。

最終的に、クオリティの高いつぼを多くつくったのは「数をつくる」グループでした。たくさんのつぼをつくりながら、ミスから学習し、いい結果を生み出せたのだそうです。

・0か1%かを見極める

ただし、世の中にはどう頑張っても確率「0」というものがあります。

たとえば今回のように、都知事になる可能性が1%といった状況であっても、100回やれば当たるかもしれない。

都知事選以外にも、似たようなタイプの挑戦は数多くあるので、人生の中で0・01%の確率のものでも1万回やっていけば、1回は当たる計算になります。

しかし「0」のものは、いくら頑張っても「0」です。

そういう意味で、「0か0でないか」を見極めることは、本当に大事だと思います。

・その失敗の難易度を知らない人の言葉は気にしなくていい

打席に立てないときは、何かが自分を邪魔しています。

経験がないことについて打席に立つならば、ほとんど空振りすることが前提になります。

でも「失敗したらカッコ悪い」というプライドが邪魔をして、嫌がってしまうことも多いでしょう。


特に会社の中だとチャレンジしづらいこともあると思います。チャレンジしたかどうかは社内の評価基準には当てはめづらいですし、難しい挑戦であってもうまくいかなければ「あいつ失敗したやつだ」と見られるわけです。


でも、そもそも、その人のチャレンジが1%ぐらいしか成功しない種類のものであったとしたら、失敗するのは当たり前のことです。

そして多くの場合、その人がやっているチャレンジがどのくらい難しいものであるのかは、他人からはわかりません。

たとえば、「3割バッター」と聞いて、野球が好きな人なら「3割ってすごいじゃん」とそのすごさがわかりますが、そんなに詳しくない人から見たら「10回に3回しかヒットを打たないなんて、そんなにすごいことではない」と低く見積もってしまうかもしれない。

新しいことに挑戦しようとして失敗する人は、どうしても、「失敗ばかりしている人」「できない人」と見られてしまう可能性もあります。

でも、**本当はそうではない、**ということについては自信を持っていただきたいと思います。

今、目の前で失敗していて、「あいつ、なんかいつも変なことをやってるよ」と言われるような人が、ある瞬間大化けすることは多いです。でも、大化けする可能性は、挑戦して失敗した人にはあるけれど、「あいつは変なことをやっている」と言っているだけの人には残念ながらない。そういうことなのだと思います。

・打席に立ちやすい世の中に

私は、そもそもそうしたプライド自体気にならなくなるくらい、みんなが打席に立ちやすくなるような社会が必要だと考えています。

スタートアップ業界にいる経営者たちを見ていると、無職だったり、何かよくわからないことをやっていたりする人に優しいように思います。もともと自分もそうだったという人も多いですし、そういう何をしているのかよくわからない人が、1年後ぐらいにものすごいスタートアップを立ち上げている、というようなことをたくさん見てきているので、きちんとその人の話を聞こうとするのです。無職で何をしているのかわからない人や、何を話しているのかよくわからない人と、成功している経営者は、実は近いところにいるんです。

LLMという新しい技術が出てきたとき、最初に熱狂したのはエンジニアのコミュニティでした。「その技術を使ってこんなことができるんじゃないか」「これでこんな開発が進むのではないか」とたくさんのミートアップ勉強会が開かれました。

その中の1つに、無職LLMミートアップという、無職の人だけが参加できるミートアップがあり、そこのレベルがめちゃくちゃ高かったのです。

そこに参加しているのは、LLMという技術を目のあたりにして「今は働いている場合じゃない！」と仕事を辞めてしまった人ばかりです。LLMで何ができるか、コミュニティで試しているのです。

会社員の人から見ると「大丈夫かな？」と心配になるような人たちかもしれません。

でも、新しい芽は、そういうところから生まれるのかもしれない。それを知っているから、ベンチャーの社長はそういう人に優しいし、実際にサラリーマンから無職を経て、起業して社長になるという構造があるのです。

何をやっているのかわからない人や、失敗しても挑戦をし続ける人に優しいコミュニティは、イノベーションを起こしやすくなります。

会社の中の心理的安全性と、社会的な許容度については、少し近しいところがあり、「なんだかよくわからないけれど、何かやってるぞ」という人をそのまま住まわせておく、もしくは、社会の片隅に追いやらない、ということが、多くのアイデアやイノベーションを生む社会のために、すごく大事なことではないかと思います。

国でも地域でも、チャレンジや失敗に寛容である社会が望ましいというのが、私の考えです。

小さな中間ゴールをつくっておく

ゴールが大きすぎたり、遠すぎたりすると、途方もなくて、どこからはじめてよいのかわからなくなることもあるでしょう。

そのとき、成功を100、今いる地点を0とすると、その100と0の間に10くらいのゴール地点を見出すことができれば、チャレンジするハードルは下がります。

たとえば、スタートアップで、いきなり「あのロケットで月に行きます」と言っても、大半は「まあ無理でしょう」と言われますし、もしかしたら本人も「無理かもなあ」と感じてしまうかもしれません。

でも、たとえば、その前の段階として「再生利用可能なロケットをつくる」という目標を10地点ぐらいのところにおいてみる。そして、さらにその前の段階として「1つのブースターエンジンを設計してつくってみて、燃焼試験に成功する」という0・1地点くらいの目標を立てる。

また、フルマラソンに挑戦したい人なら、最初は5キロの初心者向けのレースからはじめて、10キロ、ハーフマラソンと、少しずつ目標を長くしていくということが考えられます。

すると、ゴールまでのやるべきことも明確になりますし、少しずつ、手に届く成功を重ねていくことができます。

結局最終的に成功できるかどうかは、ゴールまでの段階をうまくデザインできるかということだと思うのです。最終的なゴールは大きくても、ゴールまでに無理のない小さなゴールを設定できれば、やるべきことも具体的になり、ぐっと何かをはじめやすくなります。

「1人でもはじめられる」ミニマムプランが行動を軽くする

何かはじめようとするときは、自分1人でできるくらいの小さなプランをつくることもオススメです。

都知事選についても、1人でやりきるプランを用意していました。ポスターを100枚貼って、こんな政策をつくってと、まずは1人でも実現できる範囲の計画を練ってみたのです。

この**「自分の手の届く範囲の計画」**をつくってアウトプットする能力が、フットワークを軽くするコツです。

これは節約レシピとちょっと似ています。「月2万円の食費でも工夫すれば、美味しいものが食べられる」といったチャレンジがよくありますが、それと一緒で、「お金はないし、人もいないけれど、工夫すればここまでできる」というプランを自分の中に持っておくのです。

こうしたプランを持っていると、小さくはじめやすいですし、人やお金が増えたときに、さらに充実したプランにできるのです。

スタートアップの考え方に「MVP（ミニマム・バイアブル・プロダクト）」という概念があります。これは、**「価値を出せる最小限の形で動くプロダクトを目指そう」**という考え方です。機能を極限までそぎ落としながらも、狙った機能はしっかり出せる、そういうプロダクトを考える。MVPを最速で実装しにいくのが、スタートアップの戦い方なのです。だから無駄なものはつくってはいけない。「可能な限りそぎ落としたシンプルなものをつくる」。そのために、やりたいことのコアを真剣に考えていかなければなりません。

それはまさに、食材を絞り込んで予算内にとどめ、それでも美味しいものを食べたいという節約レシピと同じです。それを達成するためのミニマムな姿を想定する。自分1人でもできるプランを持っておくというのは、そういうことです。

もちろん予算や人が増えたら、できる範囲も広がります。予算が3万円、4万円と増えれば、食材のチョイスも違ってくるのと同じです。初期設定が変われば、それに応じて充実したバージョンを考えればいいわけです。

また、プランができたら、スモールステップとして、小さくはじめます。最初からあまり大きなことをやってやろうと考えても、途端に止まってしまいます。だから、小さく刻んで、できることから試していきます。そこで実現可能性を見極めて、いけそうだったら、もうちょっとやってみる、というような進め方がいいと思っています。

1人でできるミニマムプランの限界までできたら、チームをつくることを検討しましょう。このとき、1人でここまでやった、という結果はチームメイトを説得するときにもきっと無駄にはならないはずです。実際に1人でもアクションを起こした人とそうでない人とでは、見られ方が変わります。

複雑な物事を細かく分解して考える

私は大学時代にシステム創成学科にいたこともあり、いつも物事をシステムで捉えたり、モジュール（全体を機能や役割などに分解したパーツ）に分けて考えたりしています。

たとえば、何か複雑なものを見たときに、要素に分解して、要素間の相互作用で捉え直します。それができると、このモジュールを入れ替えたらどうなるかなとか、ここだけ情報の流れが目詰まりを起こしているから、ここを変えれば情報がスムーズに流れ出すのではないかといったことが、わかりやすく見えてくるのです。

システムというのは、個別の要素が組み合わさり、全体としてそれぞれの要素が持つ以上の価値を生み出すものを意味します。要素Aが1、要素Bは2、要素Cは3の価値を生み出すポテンシャルがあるとして、AとBとCが連動して働くと1＋2＋3の合計の6以上、10の価値を生み出すとすれば、それはシステムが価値を創発しているといえます。

逆に、全体で10の価値を生み出す何らかの系、たとえばビジネスや組織があったとすると、これを要素に分解することで、そのビジネスモデルや組織の中で利益を生み出すコアな部分が見えてきたり、トラブルや停滞の原因が見つかったりします。

選挙も、こうした「システム」として捉え直してみると、もっとよくできる部分がありました。

これまでは「ブロードキャスト型」という、一方的に候補者がメッセージを発信し、有権者はそれを受け取るだけの構造が中心でした。しかし、この仕組みだけでは有権者の多様な声が反映されにくく、肝心のコミュニケーションが生まれづらいのです。そこで私は、テクノロジーも活用しながら、候補者が有権者の声を積極的に拾い上げる**「ブロードリスニング型」**の選挙に変えていくべきだと考えました。

システムはモデル化できたら終わりではなく、全体をモジュールに分解することで、どこを改善すればさらに機能が高まるかが明確になります。複雑なビジネスや組織も要素に分解することで、そのビジネスモデルや組織の中で利益を生み出すコアな部分が見えてきたり、トラブルや停滞の原因が見つかったりするのです。

ブロードリスニング型の選挙を目指す上で、何の要素が必要だろうか？ということをゼロから考え直しました。そこで私たちのチームが考えたのが「聴く」「磨く」「伝える」という3つのステップでした。

1「ブロードリスニング」を用いて有権者の声を積極的に「聴く」

図2-2 「ブロードキャスト型」と「ブロードリスニング型」

出典　チーム安野　「主観か客観かではなく、一人の主観から大勢の主観へ」西尾泰和　This work is marked with CC0 1.0(この図はCC0ライセンスのもの)

2 GitHubなどのツールを活用して政策やマニフェストを「磨く」

3 それを「伝える」ことに力を注ぐ

という3ステップのサイクルを反復的に何度も何度も回すことで、選挙の中で双方向の情報のやりとりができるようになると考えたのです。

1の「聴く」フェーズでは、私たちが提示したマニフェストや、私の選挙活動について、XやYouTube、Yahoo!ニュースコメントなどに数多くのコメントが寄せられたので、そうしたデータを吸い上げてきて、AIに要約させました。

2の「磨く」フェーズでは、ソフトウェア開発でよく使われるコラボレーションツールであるGitHubを活用しました。マニフェストの個々の内容について、「こんな問題があるのではないか」という課題を提起し、「ここはもっとこうしたほうがいいのではないか」という変更提案を受けつけ、議論をした上で、納得できたものについては、マニフェストに変更を加えました。

6月21日から7月7日の15日間で、232の課題提起と104の変更提案があり、GitHub上での議論を経て、実際にマニフェストに85か所の変更を加えました。選挙期間中に85回もバージョンアップしたマニフェストなんて、過去にはなかったわけです。それができるようになったというのは、大きな一歩だと思います。

3の「伝える」フェーズで活躍したのが「AIあんの」です。YouTubeライブと電話の両方で活用しています。

YouTubeライブ版は16日間で約７４００件の質問に回答し、電話版では12日間で約１２００件の回答をしました。YouTubeでやろうとは当初から考えていましたが、YouTubeを見ない方もいるということで、チームのメンバーが手を挙げてくれて、４日間くらいで電話版をつくってくれました。

生身の人間、つまり私１人でこれだけの人たちと1対1のコミュニケーションをするのは絶対に無理です。

実際、Xの投稿を見ていると、「ＡＩあんの」と話したことで、「安野がやりたいことがわかった」「ちょっと親近感を持った。それで投票することに決めた」というようなポストがありました。「ＡＩあんの」は、実際の投票行動にも影響を与えられたのではないかと思います。

これらも、有権者と候補者の間のコミュニケーションをシステムとして捉え直し、要素分解した結果、出てきた打ち手です。

ただし、今回の都知事選の反省点としては、政策を「磨く」ための議論に、みなさんに参加していただくハードルが高かったことです。ソフトウェアエンジニアなら誰でも使っているGitHubも、「知らない」「使ったことがない」という方が多かった。もちろん、その壁を乗り越えて書き込んでくれた方もいましたが、敷居が高いのは間違いない。そこは改善の余地があります。

「ＡＩあんの」と話した人が要望などを口にしたら、「ＡＩあんの」がその議論を要約して、GitHubの適切な位置に自動で書き込んでくれるとか、変更提案を自動で出してくれるといった仕組みがあると、さらに使い勝手がよくなると感じました。技術的には可能だと思うので、今後機会があれば、そうしたことも実装していきたいと考えています。

選挙だけでなく行政でも
これらのシステムは役に立つ

選挙というのは、みんなの意見を聴くシステムです。住民の意見を聴くという

図2-3 選挙活動で用いたソースコードをオープンに

https://note.com/takahiroanno/n/nf0bc57572dd7
AI あんの、マニフェストをつくるためのリポジトリ、ポスターマップシステムのソースコードを公開して、誰でも使えるようにしています　出典：チーム安野

意味では、行政にも共通する課題があります。なので、選挙に使った仕組みの一部は、行政運営にもそのまま使えると思います。

たとえば、「AIあんの」は、オンラインと電話で24時間みなさんの質問に答え続けました。これも別に選挙期間に限った話ではなくて、日常的にあったほうがいいシステムではないでしょうか。

自分が受けられる行政サービスをチェックしたいときは、それぞれの自治体にAIの窓口があって、住民はそこに質問を投げかければ、必要な情報が得られるシステムがあれば便利です。自治体サイドも、多くの住民から寄せられた要望についてAIが自動的に整理して把握できるようにしておけば、行政サービスの向上に役立てることができるはずです。

役所が開いている時間帯にわざわざ窓口まで行かなくても、自宅にいながらにして聞きたいことが聞けるサービスは、「AIあんの」の仕組みを応用すれば実現できると考えています。リアルな人間のアバターをつくるというと抵抗感があるかもしれませんが、たとえば、各自治体にすでにいる「ゆるキャラ」を使って、チャットや音声通話で質問に答えるサービスがあれば、使ってみたいという人も多いのではないでしょうか。

何より、声が行政に届くシステムが実現できることは大きな一歩だと思っています。

東京都が実施している「都民生活に関する世論調査（令和6年度）」でも、これからの都政の進め方に関する要望を尋ねる質問で、「都民の意見や要望をよく知る」を選んだ人が42％もいて、全体のトップになっています。ところが、現実には1400万人の都民に対して、2万人の都職員[*1]（一般行政部門。教育・消防・警察などを除く）で対応しています。いくら都民が「自分たちの意見も聴いてほしい」と望んでも、限られた職員で全部に耳を傾けるのは現実的ではありません。

ブロードリスニングでは、みなさんから寄せられた大量の意見をAIがまとめ、従来は見落とされていた声を政策立案につなげるなどして、現実の行政運営に反映することができます。これは、私が都知事選で実行したこととほとんど変わりません。むしろ、選挙という限られた状況よりも、日々の行政運営に市民の声を反映させるために使うほうがより成果が出せると考えます。

住民としても、つながるかどうかわからない電話を何度もかけたり、窓口で何

＊1　東京都「「都職員の給与の状況」の概要」（2024年10月29日更新）https://www.metro.tokyo.lg.jp/tosei/hodohappyo/press/2024/10/29/11_05.html

時間も待たされたりすることなく、役所のウェブサイトの相談窓口からいつでも質問や意見を書き込めるようになります。そうした声が届くとわかれば、きっと満足度も政策の精度も高くなるはずです。

2022年の調査において、企業のコンタクトセンターが利用しているチャットボットは、PKSHA《パークシャ》 Technology《テクノロジー》社がナンバー1のシェアを握っているのですが、実は、私はそのプロダクトの設計をしていました。人間が対処しきれないほど大量の情報を自動的にさばいて、人間は人間にしかできないことに集中する、という仕組みについては、昔からよく考えていました。

どこがボトルネックになっているか

この選挙の話のように、ある物事の構造を分解して示すことを**「モデル化」**といいます。「ビジネスモデル」という言葉をご存じの人も多いと思いますが、それはビジネスの構造をモデル化したものです。

ある現象をモデル化すると、要素に切り分ける訓練になります。

1つの現象に対して複数パターンのモデル化ができます。たとえば、教育をモデル化すると、どういう捉え方ができるかなと考えてみる。先生がいて、生徒がいて、教室がある、という単純なモデルも考えることができるし、国がお金を先行投資して将来のGDPを上げる装置として捉えることもできそうです。また、先生の時間を仕入れて親に販売するという営利ビジネスとしても捉えられるかもしれません。「どうモデル化するか?」は目的によりますし、とてもクリエイティブな思考なのです。


会社の組織図一つとってみても、そこには会社の思想が表現されています。社長がいて、部があって、課があって……というピラミッド型の縦割り組織もあれば、階層をできるだけ少なくして現場に権限を移譲したフラットな組織や、事業部ごとに独立採算制を敷いて社内競争を取り入れた組織もあります。縦と横が入り乱れたマトリックス組織や、さらに有機的なつながりを持つティール組織などもあります。事業再編で組織図がガラリと変わったりするのは、何らかの課題を解決するためにシステムを組み替えたといえます。

東京都の例でいうと、組織図が縦に長く、実は国の省庁よりも階層が一段階多い構造になっています。

そうなると、決裁するときのハンコの数が増え、その分意思決定に時間もかかります。途中で差し戻しがあると、大幅に時間のロスになります。決まった期限までに決裁を取るためには、上長に差し戻されないように、あらゆる質問や反論を想定して、それを未然に防ぐ文言を資料に盛り込んでおく必要があります。その結果、本来は必要ないかもしれない書類まで全力で準備しないといけない事態に陥りがちです。

そういうことがわかると、もし仮に縦の階層を1つ圧縮できれば、業務効率が

図2-4　決裁システムを「モデル化」して見直す（例）

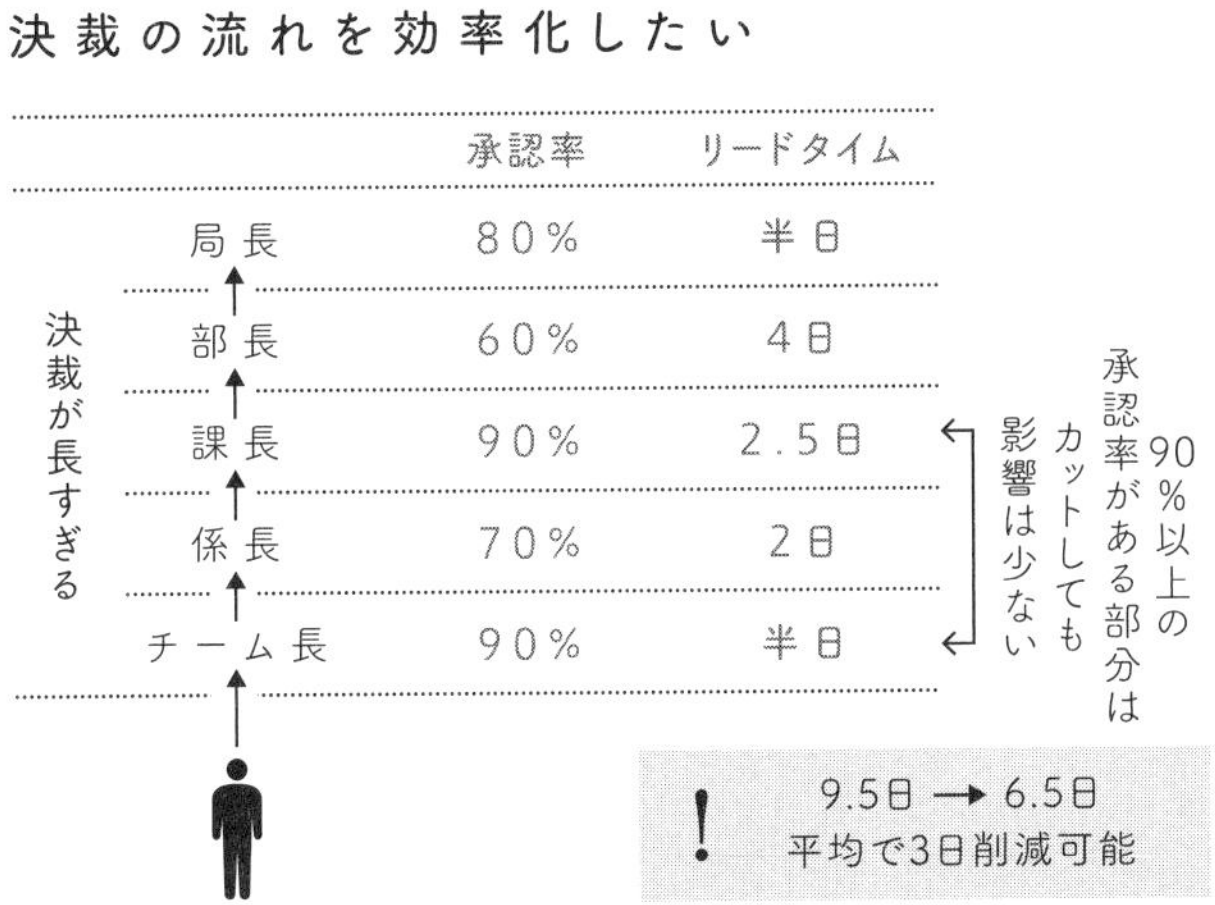

決裁の流れを効率化したい

	承認率	リードタイム
局長	80％	半日
部長	60％	4日
課長	90％	2.5日
係長	70％	2日
チーム長	90％	半日

決裁が長すぎる

90％以上の承認率がある部分はカットしても影響は少ない

! 9.5日 → 6.5日

平均で3日削減可能

上がるのではないか、という仮説を得られます。

もちろん現実にはそんな単純にはいかないかもしれませんが、組織を、確率的に要素が遷移していくパイプラインと捉え直すことで、組織階層を減らすというソリューションが見つかるわけです。

システムは様々な切り口で分解できる

では、どういうところに着目して分解すればいいのでしょうか。いくつかのパターンがありますので、ここでは補助線として、よくある「型」を紹介しておきます。

ビジネスの場合は、たとえばお金の流れに注目して、どこからどこへ、どれだけのお金が流れていくのか。それは、付加価値を積み上げていくステップに時系列で分解できるかもしれないし、商流で分解できるかもしれない。社内の組織構造で分解することもできます。いろんな軸があって、それぞれ違った見方ができます。

ソフトウェアのモジュールでいうと、ハードとソフトがあって、ソフトウェアにもOS（オペレーティングシステム）とアプリケーション・レイヤーがあって、アプリの中でもユーザーの目に直接触れるフロントエンドと目に見えない背

後で動くバックエンドがある……といった具合に、いくつかの分け方がありま
す。

システムを考えるときは図を描くとわかりやすいです。白い紙とペンを用意して、思いつくままに要素をラフに書き出して、各要素の関係を矢印などでつないで表してみるのです。1つのキーワードを1枚の付箋に書いて、関係するキーワードを1つのくくりにまとめたり、順番を入れ替えたりしてもいいと思います。パワーポイントなどのプレゼンテーションソフトを使ってもいいですね。そうやって動かしたり、線でつないだりしながら、「これとこれはどういう関係かな」と考えてみることが大切です。

実際に描いてみるとわかりますが、リストアップした要素だけでは何か足りないと感じることもあるはずです。その場合、自分には見えていない要素が裏で機能している可能性がある。逆に、出てきた要素が多すぎて、こんがらがってしま

うこともあるでしょう。その場合は、どこかで機能がダブって非効率になっているかもしれない。たとえば、この会議はなくても問題なさそうだから、チャットツール上での非同期コミュニケーションで代替しようという解決策が見えてきたりします。

情報の流れを線でたどっていくと、1か所にいくつもの情報が集中しすぎていたり、逆に情報の流れから遮断されたモジュールが見えてくるかもしれない。

そうした一つひとつの発見が、改善策につながっていきます。

あえてバランスを崩してみると、新しい発見がある

そうやってできた図をもとに、思考実験をしてみることもオススメです。

1つのやり方としては、何らかのKPI（パフォーマンスを評価するときの指標）を想定して、**その数字を極端なものにしてみる。**売上5％増といったリアルな数字ではなく、売上を10倍にするとしたら、どのモジュールが目詰まりを起こ

しそうかを考えてみます。すると、そこが将来、ボトルネックになる可能性があるとわかります。

もう1つ、これも面白い思考実験で、**あえて改悪してみる**という方法もあります。たとえば、現在のサービスレベルをどこまでなら落としても耐えられるか。今はフルサービスでユーザー満足度も高いけれど、一定程度レベルを落としてもユーザー離れが起きないとすると、価格をもっと安価に設定できる。そのほうがユーザーのためになるかもしれません。このような思考実験により、今まで考えたことがなかった解決策が発見できることがあるのです。

たとえば、1000円カットのビジネスモデルは、はじめからシャンプー台をなくしてしまえば、客回転率も一気に上がり、コストも大幅カットできるという改悪の発想から生まれています。専門のトレーナーを置かないことで、誰でも気軽にジムに通えるようになったchocoZAP（チョコザップ）も、従来のバランスを崩した発想がもとになっているはずです。

極端なＫＰＩを想定するのも、あえてレベルを落としてみるのも、現在のバランスを崩してみるという発想が根本にあります。極端な前提を置くことで見えてくる別の景色があります。ぜひ、ぐらぐらのアンバランスを楽しんでください。

なめらかに成功し、なめらかに失敗する

挑戦をしやすくするためには、どのようなゴールを設定するのかも重要です。

私は選挙に臨むにあたり、自分が当選したらやりたいことをまとめていました。

ここに、投開票日の2か月前、2024年5月時点で考えていたことを挙げておきます。

1　政治および選挙分野にイノベーションを起こし、未来のビジョンをちゃんと提示する。テクノロジーは重要な政治イシューであることを訴えていきたい

2　新しい選挙戦のあり方をプロトタイプする（具体的な方法を見せる）。今までやらなかったけれど、やったほうがいいことは無数にあるのでどんどん実験していきたい。そしてそれは1のビジョンを考えるきっかけにもなるはずである

3　知見を公開する。これはオープンソースにして、他の地方自治体でも使ってもらえるといい

そして、期待される効果としては2つのことを挙げていました。

①政策に対して、この提案が影響力を持つ
②アップデートされた選挙戦術が、後の選挙で活用される

①については、たとえ自分は落選したとしても、当選者が、戦っていた相手の

政策を取り込んで実行するパターンは結構あります。個別市町村に対して支持者数を可視化するなど、選挙戦を通じ、論点として提案したことが、そこに盛り込まれるのは意味があることだと思います。

実際、2024年11月にはブロードリスニングを用いた「〜みんなでつくる『シン東京2050』プロジェクト〜」が立ち上げられ、私もアドバイザーを務めています。自動運転タクシーを導入するためのテストもスタートが予定されています。そういう意味では、実現したい効果をきちんと実現できている部分があります。

②については、アップデートされた選挙戦術が、後の選挙で活用されて政治家の質が向上するのも、世の中にとってプラスになる話です。

もちろん、当選して自分が主導して実施できれば最高ですが、そうでなくても、意味がないわけではありません。

先ほどのリスクの話もそうですが、成功の尺度も1つではありません。最初からそれを意識していけば、すべて失敗ということではなく「この部分は成功だった」「ここは改善点があった」ということが出てきます。

世の中は、白か黒かだけではないところで変わっていきます。

自分としては「うまくいかなかった」と思っていても、あなたが動いたことは次につながっていきます。今回ダメでも、そのムーブメントは形を変えて続いていく。そういう未来のつくり方だってあるのだと思います。

くり返しになりますが、何か新しいことに挑戦するときは、マイナスとプラスの種類を適切に見極めておきましょう。「うまくいったらこれぐらいプラスがあるけれど、マイナスがこれくらいだとすれば、こういうところでリスクヘッジをしておけると合理的だよね」ということを、自分自身へロジカルに説得ができるようにしておくのです。

すると新しいチャンスを前に不安に思っていても、「こういう考えでいけば合理的だから、これをやるべき」と自分を説得できるようになります。一歩を踏み出すために必要な、物事の捉え方です。

「失敗の質」を上げる

スタートアップで挑戦してリスクを取る人は、成功すればサラリーマンでは得られないほどの報酬や社会的インパクトを手に入れられます。ただし、ほとんどが失敗する世界でもあります。その中で重要なのは、失敗に対してどれだけ寛容でいられるか、そして失敗から何を学ぶかです。

良質な失敗は次の挑戦につながります。

スタートアップで一度失敗した後「資金が集まる人」と「集まらない人」がいます。そういう人たちを見ていると、その差は、「なぜ失敗したのか」「その過程で何を発見したのか」「その発見をもとに、仮説を変えて、もう1回トライする」

というストーリーができているかどうかが1つ理由であるように思います。それが明確であれば、もう一度投資してみようかと、投資家からの信頼を得ることができます。

逆に、失敗の理由をきちんと分析せず、改善策も見えない人には投資が集まりにくいものです。

言い換えれば、挑戦のたびに「打率」を少しずつ上げていく人と、上がらない人がいるということです。打率を上げる努力をしながら学びを最大化することができるといいのではないかと思います。

ちなみに、一度失敗した後「資金が集まる人」と「集まらない人」の違いとしてもう1つ大事なことに、「筋を通せていたか」ということがあります。

事業がうまくいかなかった場合、資金提供者や取引先などに説明をする必要がありますが、そのとき失敗にいたるまでの経緯や原因について、透明性を高めて話すことは大事ですし、何より事業そのものに対して誠実に努力をしているかが問われます。

「学ぶ」ための挑戦という考え方

見えない報酬として「学び」そのものを得ることを目標に挑戦をする場合もあります。たとえば、勝ち目が薄い分野にあえて飛び込み、その過程で得られる経験や知識を活用することで、最終的には元を取るという考え方です。このように、成功だけを目指すのではなく、学びを含めた挑戦の価値を考えて行動することも1つの選択肢だと思います。

そういう意味で、実は、会社員はリスクを取りやすい立場にあるといえます。生活が安定している分、リスクを取ったとしても比較的安全で、失敗しても学びを最大化する機会にできるのです。もしあなたが今会社員で、やりたいことがあるならば、学ぶつもりでリスクを取ってみるのも悪くないと思います。

挑戦を続け、失敗から学び、少しずつ成長することで、大きな成果につながる可能性が広がっていくのです。

「失敗」が未来をつくる

もう1つ大事なこととして、「失敗すること自体が、未来をつくっている」という捉え方があります。

たとえば、成功率1%のチャレンジを100人が試みたとします。99人はチャレンジして失敗して「何も変わらなかったね」と言って終わります。

では、その99人のチャレンジは無駄だったのでしょうか？

私は決してそうは思いません。

成功率1%のチャレンジでは、1人成功した裏に、99人の失敗があります。結果を見ると、1人が成功できたのは、失敗した99人が恐れずに挑戦したからだと捉えることもできるのではないでしょうか。

また、自分が失敗しても、挑戦をしたことで、他の人の挑戦のハードルを下げることにはつながります。誰かが「挑戦したけどダメだった」という現実を見せることで「そういう挑戦ができるんだ」と気づく人が5人、10人と出て、またチャレンジが続いていきます。**そうしてつながっていったチャレンジの最後に誰かが成功したら、あなたの失敗だって、歴史の1つになるかもしれない。**

実際私も、10年前に連続起業家の家入一真さんが都知事選に挑戦していた姿を見て、背中を押されたところがあります。

家入さんは、「政治を遠いところのものにしてはいけない」と、2014年に都知事選に立候補しました。街頭演説ではなく24時間ネットで生放送をしたり、「Twitter（当時）で「ぼくらの政策」というハッシュタグを使って意見を求めたり、先進的な手法で若い人たちを中心に票を集めました。結果としては5番目の得票数で、落選はしましたが、私の記憶には強く残っていました。今回、選挙前に家入さんに相談に伺い、温かい応援をいただきました。家入さんがいたからこそ、自分も挑戦ができた部分はあるのです。

そして今度は、私の事例を見た誰かがどこかで立候補するかもしれません。挑戦は、こんなふうに連鎖していきます。結果として、社会的にチャレンジの数を増やせれば、成功する人もいつか出てくるでしょう。もちろん何度も挑戦を重ねることで、いつか自分も成功するかもしれません。

自分がチャレンジできなかったとしても、できることはあります。それは、**「失敗している人を愛そう」**ということです。ぜひ、身近にいる挑戦者たちを見つけたら見守ってあげてください。具体的な手助けができなかったとしても、周囲の人たちの温かい目はきっと励みになりますし、新しいチャレンジをするハードルを下げるでしょう。

第3章

「はじめる」ためのチームと文化をつくる

STEP3　スピードと心理的安全性を大事にするチームづくり

チームをどうはじめるか

リーダーシップのあり方は多様になってきています。

強力なカリスマ性でみんなを引っ張っていくリーダーがいたり、背中で語るリーダーがいたり。

その中でも、今はコミュニティがコミュニティらしくあるために、後ろから支えていくようなリーダーシップの時代が来ているのかもしれません。

私は自分のリーダーシップの形を、合気道型のリーダーシップだと思っています（実際に合気道をやったことはないので完全にイメージで語っているのですが……）。自分の力だけではなく相手の力や場の力をうまく使う、自分中心に推進するのではなく、コミュニティやマーケットのうねりをうまく活かすリーダーシップ。そんなタイプです。

都知事選では、当初キックオフをしたときのメンバーは6人でした。その1か月後には、マニフェストチームやエンジニアチームといったコアメンバー約100人、コアメンバー以外にも仲間が約1000人にまで増え、ともに新しい挑戦に臨みました。

ボランティアとして集まってくれたみなさん一人ひとりのことをきちんと知る時間は少なかったのですが、それでも、たったの2週間でも「チーム安野」は、まとまりを持って選挙活動を進めることができました。

ここでは、選挙戦や起業の際の話などを交えながら、これからのチームビルディングや、リーダーシップについてお話しできたらと思います。

コラボで適切な一歩を踏み出す

チームをどうはじめるか。「何をするか」にもよりますが、何かをはじめるときは、大抵誰かとのコラボレーションからはじまることが多いです。

事情をよく知る人とコラボすれば、経験のない分野でも着実な一歩目を踏み出せます。たとえば私が2社目に起業したMNTSQは、弁護士の友人と一緒に創業しています。M－1に出たときも、相方は、吉本興業のNSC（吉本総合芸能学院）という養成所に通っていました。業界の中の人と一緒に組めると、業界の良いところも悪いところも把握することができ、その中で自分たちは何ができるのかが、明確に見えるようになります。

よくいわれる話として、新規事業やスタートアップのアイデア自体は、100あったとしたら、そのうちきちんと検討されるものが10前後。そのうちの1つが、ようやく実現までたどり着くのです。

私も、試してみたけれどうまくいかなかったプランがたくさんあります。その中で、実現に近づくものは、大抵、事業の対象となる業界や専門分野に精通している人と組んでいるときなのです。私がテクノロジーに詳しくて、もう1人が別の分野に詳しい。そういう異分野のコラボレーションがうまく決まったときは、最終的に成果に結びつく例が多いです。「最初に誰に声をかけて、誰と組むか」は、「何をやるのか」と同じくらい大事なのです。

選挙のときも、チームにどんな人が必要なのかを考えて、声をかけていきました。まずは政策、プロジェクトマネジメント、デザイン、エンジニアリング、それぞれの分野でコアになってくれそうな人です。学生時代の友人や、立ち上げた会社で一緒に働いていた同僚、なかには中学生のときにネット上で知り合って、今回15年ぶりに連絡した人もいました。それぞれに「こういうことを考えているんだけどどう?」と話してみて、「協力する」と言ってくれた6人が初期のメンバーです。

このメンバーでキックオフの後、選挙にあたってのコミュニケーションの核となる部分をつくっていきました。最初にどういうメッセージを出すのか、出馬会見の内容はどうするか、選挙公報にはどんな内容を入れるのか、どういう見せ方で、何の要素を押していくべきなんだろうか、夜な夜な議論していました。

キックオフで最初のオンラインミーティングをしてから、2週間後の6月6日の記者発表会。そこで出馬をオープンにして、手伝っていただける方を募りました。その2週間後に50人集まり、選挙が終わる7月の頭には、中心的に動いてくれる方は100人程度、私たちが動けない部分について、お手伝いをしてくださる方は1000人以上にもなっていました。

この人数の増え方は、通常の組織ではあり得ないスピード感です。スピードが速いといわれるスタートアップですら、従業員が5人から50人までいくのにだいたい2年か3年くらいかかるといわれています。出馬も初めてなら、こんな増え方をする人員をまとめるのも初めての経験でした。

「スピード」と「心理的安全性」を両立するチーム安野のルール

私はチームをまとめるときに、次のようなことを大事にしています。

1 メンバーの力を最大限活かせるチームにすること
2 スピード感のあるチームにすること

そのために、次の3点を意識しています。

- **判断の基準を示すこと**
- **心理的安全性を確保すること**
- **リスクを先に提示すること**

選挙戦においても、日々人数が増えていくチームをまとめていくために、「こういうルールでやっていきましょう」という「運営方針」をSlackに投稿しました。選挙という特殊な状況下での内容ではありますが、紹介させていただきます。

【運営方針】

素晴らしい皆様に続々とSlackにジョインいただいており、大変心強く思っています。

すでに50人を超えるメンバーに活動していただいております。ジョインいただいた方は、お互いリスペクトを持って議論や実行できる方々だと認識しています。

一方で、普通の企業であれば数年かけてつくり上げるべき規模のチームを3日で集めたことによる様々なトラブルなどが今後予想されます。そこで、チームとしての行動指針をアナウンスしたいと思います。

ースピードに最適化する

ー投票日まであと26日という超短期決戦であり、そのためにはとにかくスピードが第一だと考えています

ーそのために、下記でバランスを取ります

ーリスクは一定取る

ーアウトプットが100点にならないかもしれないリスクを取ります

ー後から方針転換してご迷惑をかけることもあるかと思います

ー合意形成は目指さない

ー判断は安野、チームリーダーによりトップダウンの形で行ないます

ーその代わり対外発信、行動の責任はすべて安野が負います

ー1票でも多く獲得するための非常時のオペレーションです

ー（ブロードリスニングとの考え方に照らし合わせた整理として）たくさんの人の声を聞きながら意思決定することと、全員が納得するまで詰めることは異なります

—納得を目的としたコミュニケーションの量はやや少なくなるかと思います

—お互いにリスペクトする

—職種も世代も考え方も違う方々が集まっています

—しかも、政治の話という感情が乗りやすい話を正面から議論する必要があります

—ですが、少なくともここにいる方は相手をリスペクトしながら善意ベースで解釈しディスカッションできる方々だと思います

—個別の議論の場でもお互いへのリスペクトは大事にしていただきたいです

—ボトムアップに動いていただく

—マネジメントがまだ超未成熟です。ですので的確にタスクを切ってうまくマネジメントしていくことはかなり厳しいと思っています

—そのため、浮いているボールを見つけて自分から拾って動いていただくと大変に助かります

―たぶんSlack上では困っている人がたくさんいますので、助けられると思った方は手を挙げていただけると嬉しいです

―逆に困ったことが出たら大声でヘルプを求めていただくのがよいと思います！　このチャネルやLINEのオープンチャットなどご活用ください

―こんなことをしたほうがいいんじゃないかという提案も大歓迎です

―法令遵守

―リスクを一定取るとはいえ法令違反、ヘイトスピーチなどの越えてはいけないラインは絶対に守りたいです

―体調第一

―特にリーダーレベルの方たちなどフルスロットルで動いていただいている方もいらっしゃると認識しています

―その点には大感謝です!!!

―が、あと1か月弱もあるプロジェクトですので、くれぐれも体調は第一でお願いします!!!

運営方針の中で意識して伝えたことは大きく4点です。

1　心理的安全性のある組織

まず最初に、「ここにいる人は、お互いリスペクトを持って議論や実行ができる」ということを表明しています。

・心理的安全性を大事にする

「心理的安全性」という言葉が、近年よく言われます。これは、チームの誰もが安心して自分の意見や気持ちを表明できること、とされています。

私は、組織をつくるときには、「心理的安全性」を大切にしています。議論が熱くなるのは大歓迎ですが、相手を貶《おとし》めたり、責任を押しつけたりするような発言はご遠慮願いたい。「ヒトに当たらず、コトに当たる」のが大事で、誰かを否定したり、責任を追及したりするだけの会話は、ここでは求められていません。

チーム内の心理的安全性はかなり重要で、選挙においても、これができていたために、最後までチームで走り切れたのだと思います。

一方で、急ごしらえのチームゆえ、様々なトラブルが予想されることを伝え、「だからこそ指針が必要である」という宣言をしました。

人は、事前に「こういうトラブルが起きるよ」と言われていたほうが安心します。組織としても、想定外のトラブルには「どうしよう、やばい！」という状況になりがちですが、事前情報があれば準備ができます。悪いほうの予言が「ワクチン」のような働きをするのです。

ウェブ上の偽情報対策の1つに「プリバンキング」というものがあります。偽情報が流れる前に、予防接種的に「こういう偽情報が流れそうだから注意しておこう」と事前に対策を練っておく。すでに拡散してしまったフェイクニュースや陰謀論の正しさ、真実性をチェックするファクトチェックが事後対策だとすると、プリバンキングは、いかにもありそうなトラブルを事前に予測し、あらかじめ手を打っておくわけです。

たとえば、ディープフェイク動画（悪意を持って本物のように生成された偽動画）の存在を知っていれば、「ありそうもないこと」「信じられないような発言」をしている動画には、「これってフェイクかも？」と疑うことができます。

オードリー・タンさんが、ディープフェイクの啓発のために、生成ＡＩを使って作成したオードリーさんの動画を公開したことがありました。動画の画面には「これはDeepFake？」というテロップを入れて、見た人にその場で考えさせるようなものになっています。また私も、リアルタイムで声が岸田文雄首相（当時）の声に変換されるスピーカーをつけて、岸田さんご本人の前で危険性を訴えたことがあります。

チームで仕事をするときも一緒で、「事前にこんなトラブルが起こり得るだろう」ということを伝えておくと、それに備えることができます。

2 スピードに最適化する

運営方針では、投票日まで1か月弱という超短期決戦であり、そのためにはスピードが大事だということを強調しています。

私は「スピード」を重視してみなさんに動いていただくときには、次のようなことを意識しています。

・リスクの取り方の指針を示す

「スピードに最適化する」とは、一定のリスクを取りましょう、ということです。

たとえば、ブロードリスニングなどは初めての試みなわけですから、まだまだ未成熟なテクノロジーともいえます。それでも、完璧になるまで準備していたら間に合いません。「アウトプットが100点にならないかもしれない」「不完全なものを出すかもしれない」。でも、選挙に間に合わなければ意味はありません。だからそういうリスクを取って、「60点でもいいので速くやろう」と言っています。

・許可より謝罪

ベンチャー企業の文化として、「許可より謝罪」という言葉があります。何かをするときに、いちいち「これ、やっていいですか?」と許可を求めていては、どうしても時間がかかってしまう。むしろ、思いついたらとにかく手を動かしてみる。いきなり大きくやろうとすると、時間もかかるし、リソースも足りないので、まずは小さくはじめて、うまくいくかどうか試してみるわけです。

報告するのはその後です。「〇〇をやりました」と言って、「ダメだよ、そんなの」と言われたら、「ごめんなさい」と謝罪すればいいし、「いいね。その調子!」

と言われたら、さらにリソースを投入して深掘りしていく。スピードが何より大事な、スタートアップならではの文化だと思います。

世間ではよく「報告・連絡・相談」が大事だと言われますが、そうした仕事の仕方は、人員に余裕があって、人が代わっても業務が滞りなく進むことに重きをおいた、成熟した組織の話です。代わりの人など最初からいないスタートアップでは、「許可より謝罪」のほうが実態に合っています。今回の都知事選も、とにかく時間がなかったので、「許可より謝罪」で、思いついたらすぐに動いてほしいとチーム内では話していました。

多少拙速でも、まずは小さく試して、「それ、いいじゃん」となったら、次はもうちょっと大きな形でやってみる。そうやってどんどんバージョンアップしていくダイナミズムこそ、スタートアップの生命線です。

もちろん、そういうやり方が馴染まない業界もあると思います。モノづくりの伝統が強い日本では、しっかり計画して、一つひとつの工程を着実にクリアしていくウォーターフォール型のやり方があまりに主流なので、何をやるにも上の許可が必要で、しかもそれに時間がかかる組織が多い。ただ、そこにスタートアップ出身の、スピード感とアジャイル的な考えを持った人たちが一定数入っていくことで、バランスが取れるのではないかと期待しています。

・優先順位を明示して迷わせない

リスクの話とも通じますが、スピード感を持ってたくさんの人に動いてもらうためには、「迷わせない」ことが大事です。仕事でもなんでも、何かを行なおうとするときには、「スピードか質か」「コストをかけるのか否か」などと多くの選択肢が生まれます。どちらを選ぶべきか迷っていると、無駄に時間を失うので、リーダーはチームとしての指針を事前に明確にしておくとよいでしょう。

・スピード感の中で「できないこと」を伝える

選挙戦では、手探りの状況の中でスピード感を持って進めるために、「最初にAと言ったけど、やっぱりB」といった方針転換もあり得るということを伝えました。

私も初めてのことで、動きながら考えていかざるを得ません。方針が変わる可能性も先に頭に入れておいてもらうことで、納得してくれやすくなります。

さらに、「できないこと」として、スピードを重視するために、合意形成を目指さないということも先に伝えています。

本来なら誰もが納得できるようなコミュニケーションをしたほうがよいのですが、2週間で選挙に臨むという非常事態のスケジュールですから、みんなが納得する時間なんてとれないわけです。

そこで意思決定については「トップダウンの形でガンガン決断をしていきます」ということにしました。ただ、その代わり対外発信（開発したシステムのソースコードやマニフェストの内容、チーム安野としてのSNSでの発信）は安野が責任を負うから、安心してくれて大丈夫だよと。

「ブロードリスニングをやっているのに、内部では合意形成を目指さないなんて、そもそも矛盾していないか」と思われる方もいるかもしれません。

その点を整理しておくと、まず、たくさんの人の声を聞きながら意思決定するのと、全員が納得することは違うと考えています。ブロードリスニングはたくさんの人の声を吸い上げますが、必ず全員が納得する答えにたどり着けるものでもありません。ブロードリスニングは声が聴かれることを保証するものであって、合意を保証するものではないのです。

それでも、組織の中では、納得のためのコミュニケーションを求めたいときはあります。それは重々承知しているのですが、とにかく今回の選挙は、圧倒的なスピード感を持たないと乗り越えていけない。だから、納得のためのコミュニケーションは、「やらないとは言わないが、少ないです」ということを宣言しています。

・デフォルトパブリックの文化

情報の透明性という点で、私が大事にしているのは「デフォルトパブリック」の文化です。「デフォルト」とは「標準的な状態にする」こと、「パブリック」は公共という意味ですが、「情報公開を標準の状態にすること」という意味で捉えていただければよいと思います。

たとえば、チームで使うデータは特別な理由がない限り、誰でもアクセスできる状態にしておく。もちろん、人事評価やM＆Aのように機密性の高い情報は限られた一部の人だけで管理すべきですが、それ以外の事業に関する情報は、基本的にみんなが見られる状態にしたほうがいい。この文化があると、情報の格差が埋まり、建設的な議論ができるようになり、意思決定のスピードと精度が上がります。

また、上司と部下で意見が食い違うことがありますが、その多くは見えている情報が違うことが原因です。インプットが違うからアウトプットも変わってしまう。こういう状況が起こる割合は高いのです。情報が平等に共有されれば、部下も自律的に意思決定できる範囲が広がり、組織全体としてより速く、正確に動けるようになります。

しかし、このとき心理的安全性が組織に根づいていないと、情報を公開することで自分が組織の中で不利になり、攻撃されるのではないかという不安が生じやすい。すると多くの人が「隠す」方向に動いてしまいます。今の行政はこの「隠す」メカニズムが強く働いている印象があります。

一方、スタートアップのように、イノベーションや、意思決定の速さが求められる場合は、「デフォルトパブリック」のほうが合理的です。そもそも、情報を独り占めにして社内政治で勝つよりも、オープンにして社内外からアイデアを集め、市場で勝つほうが重要です。

これを最大限に実践している会社の1つがGitLabという会社です。

GitLab社は、エンジニアのための開発プラットフォームを提供する会社です。全世界1800人以上の社員がフルリモートで稼働しており、また、オープンネス（公開性）を重視していることが特徴です。たとえば同社はデータベースに障害があったときに、対応の様子をYouTubeでストリーミング中継したことがあります。

同社はまた、会社の運用に必要なドキュメントを、社内外の誰もが見られるようオープンにしています。内容は多岐にわたり、毎日大量の更新がされるほど、常に新しく、また、実務的な知恵の詰まったものばかりです。

こうしたドキュメントがあることで、各担当者の知恵やアイデアを他の人が知ることができるようになり、組織に情報が流通し、透明性を確保することができます。

チーム安野もデフォルトパブリックな文化と、心理的安全性が非常に重要な屋台骨です。もし今、それが少しでも実現できているとしたら、それは私1人の力ではなく、一緒に走ってくれる素晴らしい仲間たちのおかげだと思っています。

なお、オープンといっても、私たちは無制限に全世界に公開することは目指していません。適切な境界線を引かなければ、逆に心理的安全性が保たれなくなります。参加人数が多ければ多いほど心理的安全性を維持するのが難しくなる。デフォルトパブリックの文化と心理的安全性はトレードオフの関係にあり、そのバランスをどう取るかが重要なのです。

3 ボトムアップに動いてもらう

3つめが「ボトムアップに動いてもらう」ということ。

選挙戦では、それぞれの役割分担を決めて仕事を割り振る時間がないような状況だったわけです。

チームリーダーの方々も、1か月前に参加して2～3日前にリーダーになったといった人ばかりで、全体像はわかっていないことも多かった。しかもマネジメントは超未成熟です。そんな中で「『あなたはこれをやってください』といった仕事の振り方は不可能です」と最初にギブアップしています。

逆に浮いているボール、つまり「やったほうがいいとわかっているけれど、まだ誰も手をつけていない」という仕事を、自分で拾って動いてもらうことが、今回は大事だと思ったのです。

Slack上では「これをやる必要があるんだけど、できる人いませんか？」という叫びがあちこちから上がっていました。そこで、できると思った人は自分から手を挙げてほしいし、逆に困ったことがあったときも、大声で「助けて！」と叫んでほしい。こういうことをしたほうがいいんじゃないかという提案も大歓迎、といったことをみなさんにお願いしていたわけです。

とにかく、何か困ったことがあったら共有し「自分で考えて動く」ことが、チームに浸透するよう心がけていました。

・ゲーム化で誰もが動きやすくなる

ボトムアップで動いていただくための施策として、ポスター貼りについては、テクノロジーも活用しました。

ポスター貼りに関しては、初め「東京都内で1万4000か所にポスターを貼る必要がある」と知ったとき、正直なところ絶望しました。過去の候補者の話を聞いても「1人で100枚達成した」という規模の話がほとんどで、私たちも当初は「妻と自分で100枚ずつ貼ろう」というのが目標でした。

しかし、チームのメンバーから「やるからには5000枚貼ろう」という声が上がりました。最初は無理だと思っていましたが、ボランティアの方を募集したところ、予想以上に多くの方が協力してくれました。

ただし、他の候補者がよくやっているように、地域ごとに担当を割り振るようなマネジメントを行なう余力はありません。

代わりに、ポスター貼りをゲーム感覚で進められる「ポスターマップシステム」を開発しました。このシステムは、自分がポスターを貼った場所を登録すると色が変わる仕組みで、まだポスターが貼られていない場所がわかるというものです。さらに、進捗をリアルタイムで可視化する機能を整え、「あと残り何か所」という表示が出るようにしました。

「貼られていない場所」がわかることで、ボランティアの方々には「近所だからここは貼りに行こうかな」と思ってもらえたり、ゲーム性をつけることで、「あと少しだし、手伝おう」と楽しんで動いてもらえるようになりました。

「ポスターマップシステム」は、日々改良を重ねていきました。当初はLINEで報告を受けて地図を手動で更新してもらっていましたが、ポスターを貼ってくださる方が増え、遅くまで活動が行なわれるようになると、更新が追いつかなくなりました。その結果、報告内容を自動で地図に反映する仕組みができたり、独自のマップシステムを開発して細かくステータス管理ができるようにしたりするなど、毎日進化を遂げていきました。この取り組みを通じて、限られたリソースでも効率的に目標を達成する方法を示せたと思います。

蓋を開けてみると、最初に印刷した1万枚がなくなり、次に5000枚刷りま

図3-1　ポスターマップシステム

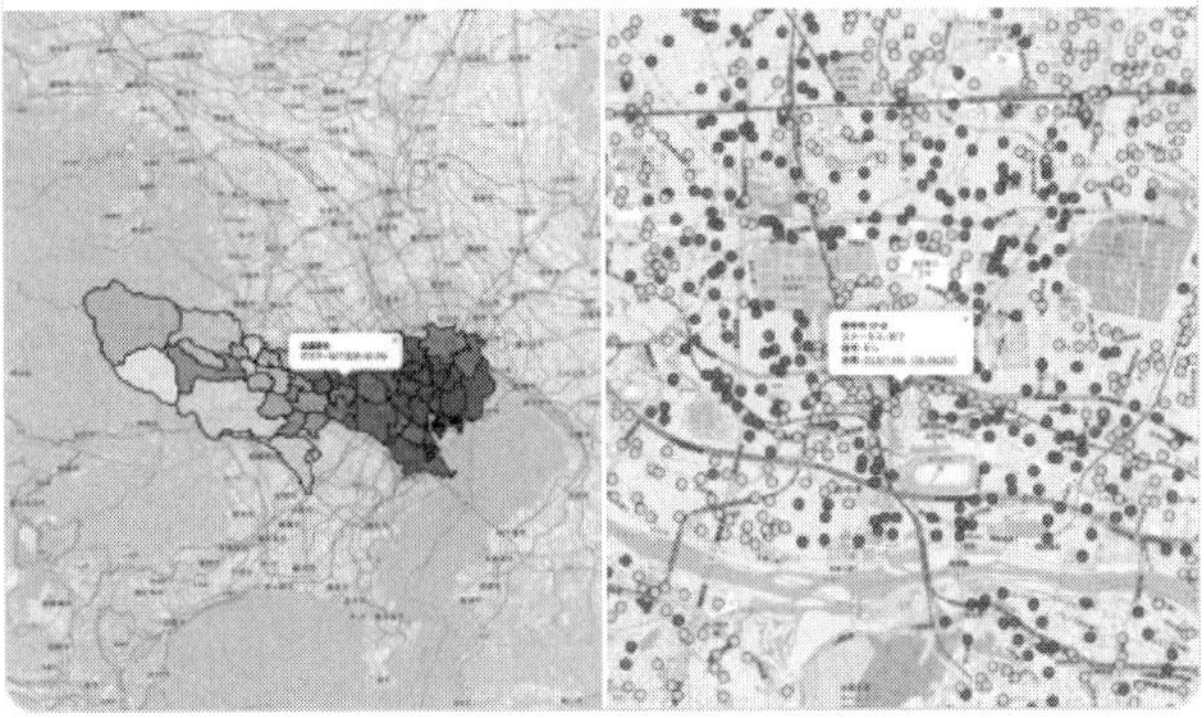

出典：チーム安野

した。最後には、もしかしたらコンプリートできるかもしれないという状態になった時点で、さらに足りないことが判明し、急遽、数百枚を追加発注しました。そして、ポスターを貼ることのできる最後の日、選挙前日の7月6日朝に、新島で、最後の1枚を貼りきることができたのです。システムの数字も100%になり、みんなで拍手して喜びを分かち合いました。

この「ポスターマップシステム」は、選挙活動だけでなく、行政の世界にテクノロジーを導入することで、どれだけの速さで物事が変わるのかというデモンストレーションにもなりました。

ポスター貼りはこれまで、資金や組織力のある候補者でなければ完遂できないとされてきました。ポスターを貼る業者もあるのですが、1万4000か所に貼ると、1000万円以上になると聞いていました。普通にぽんと出せる金額ではありません。

なかには「ポスター貼り」は、本気度を見せる指標だということを言う方もいるのですが、それは、単にお金があるか、組織があるかということしか示していないのです。それなのに、「あの人たちは貼れていないから本気ではないのだ」と思われてしまう。

しかし、私たちの取り組みは、その常識を覆すものとなり、政治の未来に新しい道を切り開く1つの例となったと自負しています。

この「ポスターマップシステム」は、選挙後にオープンソース化して無料で公開しました。次の選挙で他の候補者にも利用してもらうことで、選挙コストの削減や、新しい人材の政治参入を促す一助になればと考えています。

これはポスターという一例ではありますが、ＤＸによって大きな改善が様々なジャンルで起こり得ることを示しています。

振り返って…
自分から動いてもらうことの難しさ

チームマネジメントにおける今回の反省点としては、ボトムアップに動いてもらうことの難しさです。

選挙期間中、ものすごいスピードで動いている中で、自分からは手を挙げづらかったという人が少なからずいらっしゃいました。これは、私たちのチームの中では、「オンボーディングがうまくいかなかった」ということだと考えています。

スタートアップや大企業には、「オンボーディング」と呼ばれる取り組みがあります。採用した新卒や中途採用の方が、現場で力を発揮できるまでサポートするというものです。

この取り組みがきちんと整備されている会社は、たとえば入社すると、自分の仕事だけでなく全体像を誰かが説明してくれて、最初に取り組むのにちょうどいいサイズの仕事が用意されていたり、メンターがついて何かあればすぐ相談できたり、他の既存のメンバーと交流するための機会が用意されたりと、様々な仕組みがあります。

会社であれば、一緒にランチに行くとか、一対一の面談をするといった仕組みが導入できますが、選挙戦では、時間が限られていることもあって、そういうことが一切できなかった。手を挙げてくださった方々が、ちゃんとオンボーディングされていれば、もっと多くの方の力を集められたと思うのです。

今回については、オンボーディングのプロセスを設計するような時間はとてもなかったので、致し方ない面もあったのでしょうが、今振り返ると、HR、つまり人事部のような機能を置かなかったのが反省点だったと思います。

4　法令遵守と健康第一

法令遵守は基本中の基本です。公職選挙法を破ると逮捕されます。会社経営であっても守るべき法令はたくさんあります。

運営方針の最初のほうで「リスクを取る」とは言っていますが、法令違反やヘイトスピーチなど、越えてはいけないラインは絶対に守らなくてはなりません。越えてはいけない一線としては、もう1つ、体調第一でいきましょう、と明記しました。この運営方針を出す頃には、チーム全体にエンジンがかかりはじめていて、リーダーレベルの人たちは徹夜で動いているような状況だったのです。真剣に取り組んでいただいて、本当にありがたいことなのですが、選挙戦はあと1か月近くあるわけです。そんなペースでやっていたらすぐに倒れてしまいます。体調は非常に大事。票よりも体調です。「くれぐれも体を壊さないでほしい」という健康管理の話を最後に入れました。

・インセンティブのあり方

なお、今回の組織づくりで、企業と大きく異なっていたのは、インセンティブのあり方です。

選挙をお手伝いいただいた方は全員がボランティアで、給与は一切お支払いしていませんでした。これは営利企業のマネジメントとは大きく異なります。

では、なぜ、ボランティアのみなさんが、金銭的なインセンティブがなくても活動に情熱を注いでくれたのかというと、私が見ている範囲で考えられる理由は、1つにまとめられると思います。

それは、**「ビジョンへの共感」**です。私が掲げていた主張に賛同し、理念に共感していただけたことが大きなモチベーションになっていたと感じています。営利企業でないからこそ、丁寧にビジョンやストーリーを共有することが求められます。またこれは今後採用難になる企業においても、求められるものになるでしょう。

これからのリーダーシップ
「わからない」中で意思決定を続けていく

今の世の中で「迷子」になっている人は、非常に多いのではないかと感じています。

ＳＮＳから海外ニュースまで、ありとあらゆる出来事が瞬く間に広がり、そこに情報が結びつき、すさまじいスピードで世界をめぐっています。

「はじめに」でもお話ししましたが、少し前までの正解が正解でなくなり、ＡＩの世界にいたっては、進化が速すぎて専門家でもついていけないといわれています。

今、物事のすべてを正しく判断できる人は、世の中にいないのかもしれません。

その中で、自分はどう考えて判断していくか。

それが突きつけられているのが今の社会のように思います。


しかし、世の中のスピードの速さ、複雑さを見れば、飽和する大量の情報を乗りこなしていくことのできる人は、多くはないでしょう。

知っていれば知っているほどわからなくなることがある。私自身も迷子になっているのかもしれないと感じることがあります。ぶっちゃけていえば、「ほとんどすべてのありとあらゆるものが何もわからない」という感覚があります。

それでも、**その中で「ギリギリこっちなのではないか」と意思決定を続けていくことが大事**です。

もしかしたら間違っているかもしれないけれど、それでも柔軟に考えて、進んでいかなければなりません。


一人ひとりが見ていることには、限りがあります。

だからこそ、反対する人の話を聞いたり、外からの情報を取り入れたりしながら、自分にとって必要なものを切り分けていくことが大事です。

ここで私が考える、これからの時代のリーダーの資質を挙げます。

1 リスクを取る

これからのリーダーは、「適切にリスクを取る存在」でなければならないと考えています。

市場環境がよいときには、ゼロリスクで決められたことだけをやっているタイプのリーダーでもよいでしょう。しかし、環境が厳しくなると、何を捨ててどんなリスクを取っていくのかを、きちんと選べるスキルが大事になってきます。

たとえば、先ほどの運営方針でも、「全員が納得しないリスク」や「拙速で完成度が低いリスク」を取る覚悟があることを明言してきました。

全体のクオリティやコスト、納期といった要素の中で、何を優先し、何を削るのかを明確に示して、あるべき姿を実現できること。それが、今の不確実な時代、ＶＵＣＡ[*1]時代に求められる重要な要素の１つと感じています。

2　アジリティ

２つめに挙げたいのはアジリティ、つまり敏捷性です。状況は常に変化し続けており、当初の計画をそのまま実行するだけでは成果を得られません。状況に応じて計画を素早く修正し、適応する力が求められています。

私は、都知事選に関わる活動の中で、このアジリティの重要性を痛感しました。支援してくださる方の人数が見えない状態で、支援者が１人、10人、50人、１００人の場合という複数のプランを並行して考えながら、そのつど適切と信じる判断を下していきました。50人のリソースがあるのに10人プランを実行し続け

＊１　Volatility（変動性）、Uncertainty（不確実性）、Complexity（複雑性）、Ambiguity（曖昧性）。変化が激しく、先行きが見えず、複雑で、曖昧な社会の状況を意味する

るのでは意味がありません。当然ながら、50人いるのであれば、50人でできることを考えて実行したほうがいいわけです。

状況の変化に柔軟に対応しながら、計画をどんどん修正して、その時点での最適解を模索し続ける。それがリーダーにとって欠かせない姿勢だと思います。

3　間違いを認める

「一度、これを言ったからには自分はこうするんだ」といった一貫性を重視する立場があります。政治家は現状、この一貫性が求められる度合いが高い職業の代表です。でもそうではなく、「1回こう言ったけど、俺間違ってたわ」と謝って、訂正できることが、今は重要なのではないかと思っています。

複雑になり続ける世界の中で、一度で正解を出せる確率は、どんどん下がっています。世界が変わっていく以上、状況も前提もどんどん変わっていきます。その変化に気づいているのであれば、自分の意見が変わるのも当たり前のことです。むしろ、絶対の正解ではないことが前提になります。当然、政治家や経営陣が熟考して出した答えが「正しい」可能性も下がっていく。まともに考えれば考えるほど、わからなくなっていきます。

でも、そうした中で進んでいくしかない、というのが今の世の中でしょう。だからこそ**「今私が思っているのは仮説でしかないけれど」**と、とりあえず考えを出してみて、それに対する様々な意見を受け止め、方針を変えていくというやり方が、今のやり方として非常にマッチしています。

今回の都知事選のマニフェストも、「これが正解です」とドーンと出したというよりも、我々の暫定解はこれです、という出し方に近かった。「ぶっちゃけていえば、たぶん間違っているところがあると思うので、指摘してください。みんなの力を結集して、みんなでよりよいものをつくっていきましょう」というスタンスです。

今の政治を見ていると、既存の政治家たちは、どちらかというと「絶対私は間違えていない」という前提で話をしているように見えます。政治は、間違ったら揚げ足を取られる世界です。

しかし、どんな人にも無限の知的能力があるわけではなく、自分たちの見えている範囲には限界があります。当然、私たちのチームにも足りないところがいっぱいある。そういう制約の中で、「不完全なものを出しているかもしれませんが、みんなで磨いていきましょうよ」という立場を取ることは、自分たちの限界を超えて、正しい方向に近づいていくアプローチにもなるのではないでしょうか。

一方で、「正解がないから言わない」「リスクを取らない」人もいます。でも、それだとそもそも議論が起きません。「あくまで仮説ですが」「間違っているかもしれませんが」と、暫定解を伝え続けることが大事です。

心理的安全性の高いコミュニケーション

前述した通り、みんなが安心して自分の意見を表明できる「心理的安全性」は、私が組織づくりにおいて最も大切にしていることの1つです。そしてこれは民主主義の前提になることでもあります。

しかし、SNSを見ていると、議論が荒れている場面を目にします。ちょっとした意見の違いからはじまり、気づけば感情的なぶつかり合いや「論破合戦」に発展してしまう。ぶつかり合いにならなくても、嫌な思いをしたり、何かモヤモヤとした思いが残ったりして、建設的な議論からは遠ざかってしまいます。

どうしたらみんなが安全に、リアルでもネットでも議論を進められるのか。

今後、コミュニケーションのプロトコル（前提となる約束事・ルール）になるとよいのではないかと思ったことをまとめておきます。

期待値を下げる

多様性の時代といわれますから、自分の「当たり前」が相手の「当たり前」でないことなど、いくらでもあります。

基本的に人はわかり合えないものだと思って期待値は下げておいたほうが、むしろコミュニケーションはうまくいくように思います。

相手がわかってくれないと、がっかりします。

でも「わかってくれる」ことを基準とするのではなく、「基本的にはわかり合えないよね」というくらいの期待値でいれば、相手がわかってくれたときにうれしいものです。

「期待値を下げる」のは、自分の心持ち次第でできるので、コストゼロでできる、自分のモチベーションを下げない施策ともいえます。

なかには、相手に高い期待を持ちすぎていて、なんでも「察して」もらおうとしていたり、自分と完全に同じ意見を求めたりする人がいますが、それでは議論が成り立ちません。議論においても、**「伝わらないことが前提、それでも伝えようとする努力」**が鍵です。

「善意が前提」で話を聞く

期待値を下げるとは言いましたが、一方で、「相手は善意で話している」と推定することを基本にすべきだとも思います。

つまり、何かおかしなことや攻撃的なことを言われたときに、相手に悪意があっての発言なのか、もしくは善意によるものなのか、いったん考えよう、ということです。

自分から見るとものすごく失礼な発言に思えるけれど、実は相手はまったく別のロジックを持っているからそんな発言になっているだけ、ということだってあるわけです。

したがって、まずは「それって、どういう意図で言っていますか？」と一言尋ねてみることを意識するとよいでしょう。この一言があるだけで、相手の思考の流れを理解でき、場合によっては相手の意見に納得できることもあります。こちらが納得すれば、相手も前向きに話を進めやすくなり、議論が円滑に進むでしょう。

「人間は善意で生きていて善意で発言してくれている」ということを前提にコミュニケーションを行なうのは、私は大事なことだと思います。もちろんそうではない人はたくさんいますし、敵対的な対話にならざるを得ないこともあると思いますが、最初から対話の可能性を閉じてしまうことはないと思うのです。

もし、相手に善意がなかったら……

とはいえ、相手が善意で話しているのではない場合もあります。
そんなときは、その相手とは距離を取り、「しっぺ返し戦略」（Tit-for-Tat Strategy）で対応するのがよいと思います。

「しっぺ返し戦略」とは、経済学のゲーム理論における代表的な戦略の1つです。最初は相手に必ず協力するが、その後、相手が協力的であれば自分も協力し、相手が非協力的であれば自分も非協力的になる、といういわば「オウム返し」のように、相手の出方をそのまま返していく戦略です。これはゲーム理論においても、「長期的な関係がある場合は有効」とされています。

「ちょっと損をし続ける」くらいがちょうどいい

ただし、状況にもよりますが、私個人としては「自分がちょっと損をし続けている」と感じるくらいのスタンスがちょうどよいと思っています。

一方的に自分ばかりが歩み寄っていると、「相手はまったくこちらの話を聞いてくれない」「自分ばかりが損をしている」と思う場面もあることでしょう。

しかし、人間の認知バイアスとして、「自分がしてあげたことは覚えているけれど、相手がしてくれたことには気づきにくい」という特性があります。

誰でも主観的には「自分が与えてばかり」と思いがちですが、実際には相手も少しずつ歩み寄っていることが多いのです。

したがって「ちょっと損」ぐらいの意識でいるほうが、長い目で見てバランスがよくなるのではないでしょうか。

相手と噛み合わないときは……

相手となかなか合意に至らないこともあります。

それでも、相手のロジックの流れが理解できれば、共通のゴールに向かえる可能性が生まれます。

たとえば、個別の政策や具体的な行動については意見が分かれたとしても、その背景には「売上を最大化したい」「よい街をつくりたい」といった共通の目的があることが多いものです。まずその共通点を確認することが出発点です。

意見の違いが生まれる理由を考えると、大きく2つのパターンがあります。

1　情報の違い：自分と相手が持っている事実（ファクト）、見ている事実が異なり、それが判断に影響を与えている場合

2　解釈の違い：同じ事実をもとにしていても、そこから導き出す理屈や結論が異なる場合

情報の違いであれば、お互いの知識を共有することで簡単に埋められることが多いでしょう。「実はこういう背景があって……」と話すだけで理解が進むこともあります。

たとえば、製作担当はAという素材を使いたいと言っていて、資材担当がAはやめたほうがいい、というところで対立しているとします。

このときは、製作担当は「Aを使うとクオリティが高く見える」という経験がある一方で、資材担当は「Aは値段が上がったのでコスト高になる」と別の情報に基づいて判断しているかもしれません。その場合は、相手の知らない情報を伝えることでお互い納得できるかもしれません。

一方、解釈の違いの場合は、その意見をつくり出している構造、ロジックの流れを明らかにして、どこで意見の違いが生まれていて、それは埋められるのか、という議論をしていくのがよいと思います。

「旅行に出発する日に台風が来る」という天気予報を見て、1人は「やめよう」と言い、もう1人が「それでも行こう」と言ったとします。お互いに話していくと、最初の人は「台風で飛行機が揺れるから嫌だ」と考え、もう1人は「翌日から晴れるのだから、行きたい」と考えていることがわかりました。それであれば、「揺れない移動方法に変えたらどうか」「翌日の出発にしてはどうか」と折り合えるところを探ることはできます。

討論番組と日常での議論の違い

議論ということで、もう1つ、気になる点をお話ししておきます。

最近はYouTubeでも討論のコンテンツを見ることが増えました。

私も時折出演するのですが、あれは独特な仕組みで成り立っていて、まだまだ慣れません。私はもともとビジネスパーソンで、会議もたくさん経験していたので、議論なら慣れているぞと高をくくっていましたが、そんなことはありませんでした。要求されるスキルは普段の議論とは似て非なるものばかりです。世の中で論客として活躍されている方々は、特殊技能があってすごいなあといつも思っています。

討論番組の議論を、一般的な議論の仕方だと思ってしまうと、誤解が生じます。

討論番組は、エンターテインメントの要素が強く、対立をつくるためにお互いに意見をぶつけ合います。最終的に何かが決まったり、意見がすり合わされたりすることはなく、言いたいことを言い合って終わることが大半です。短い番組の中でお互いに見せ場をつくるために、素早く相手の話に割り込んだり、感情をオーバーに表現したりすることもあるでしょう。

一方で、通常の議論は相手との「妥協点」を見つけたり、意見の差を埋めたりするために行なわれます。いくらよい議論ができたとしても、自分たちのアクションや相互の理解に影響がなければ、価値はありません。

このような違いがあるにもかかわらず、社内の会議で、話を遮って「それってあなたの感想ですよね」と煽ってみたり、商談の場でクライアントの発言の矛盾を論理的に詰めたりしても、最終的に手を握ることはできないでしょう。

討論番組は見ていて面白いので拡散されやすい状況にあります。世の中で行なわれる議論のほとんどは合意形成型なのに、目にする議論の多くが論客バトル型になっているようなところに、誤解の種があるのだと思います。議論の組み立て方は討論番組以外で学ばないと、結局自分が損をすることになってしまうのではないかと危惧しています。

文字での議論の難しさ

SNSやメールなどの文字でのやりとりも誤解が生じやすいものです。表情や声のトーンで伝えられるリアルなコミュニケーションと比べると、気を遣います。たとえば、Slackでロジックだけ書かれていると、怖く見えたりしますよね。感情や表情が伝わりにくいため、どうしても冷たく、堅く見えてしまうことがあります。そこで、私はびっくりマークを使ったり、絵文字を使ったり、印象を和らげる工夫をしています。

同じ言葉を話しても、リアルであれば笑って受け止められることも、文字だとストレートに相手を糾弾しているように見えてしまうことも多いです。チャットにおける言語運用能力というのでしょうか、時間をとって、慎重に言葉を選んで伝えないと、誤解を招きます。

その意味で、チャットやメールにおいては、「まずは善意で」という意識がより大切なのだと思います。

「人」と「現象」を分けて考える

円滑なコミュニケーションのために、もう1つ頭に置いておきたいのは、先述しましたが、「ヒトに当たらず、コトに当たる」ということです。

「人」と「現象」を切り分けて考える。そのほうが、根本的な部分でのすり合わせができていくように思います。

たとえば、何か問題が起きたときには「誰の責任か」を追及しがちですが、それよりも「なぜそれが起こったのか」「これからどうしたらよいか」という「こと」に焦点をあてて話すほうが建設的です。

特に、新しいことをはじめるときには、「人」と「発言」も切り離したほうがよいと考えています。

よくあるのが、自分が出したアイデアに対して過剰に愛着を持ってしまうケースです。「これは俺のアイデアだ!」と強く思い込んでしまうと、議論が難しくなることがあります。

でも私は、議論においては、誰が言ったかはあまり重要ではないと思っています。

著作権に絡むようなことやニュースであれば情報ソースは大事だと思いますが、議論では情報そのものに価値があるのであって、発言者が誰であるかは関係ありません。誰かが出した情報に乗って、他の人が意見を出し、最終的によいアイデアにたどり着けばよいわけです。しかし誰かが情報の所有権を主張しはじめると、議論が制限されてしまうことさえあります。

もっといえば、私は、アイデア自体に価値はなく、実行にこそ価値がある、という立場を取っています。

なお、「このアイデアは微妙だよね」と否定されたときに、まるで自分の尊厳を傷つけられたように感じてしまう人もいるかもしれませんが、その必要もありません。その上に新しいアイデアが乗り、よりよい意見になれば、それは1つの価値になるのです。

逆にやめたほうがいいのは「○○さんが言っているから、これにしよう」というパターンです。

権力を持っている人のアイデアは採用されがちです。

もちろん、そういう人は、多くの情報を持っていたり、優れたアイデアを出していたりする可能性もありますが、すべてにおいて、その人が正しいわけではないでしょう。「この人の意見だからいいだろう」と何も考えずに進めてしまうのではなく、一つひとつ考えて精査したほうがよいでしょう。

目に見えるものをいち早く形にする

アイデアよりも行動という点では、言葉を伝えるよりも、実物をつくって見せるコミュニケーションのほうが説得力を持つことがあります。

学生時代、サンフランシスコで1年ほどインターンをしたときに、現地のスタートアップのピッチイベント（投資家に対して自社の事業内容を説明して出資を募るプレゼンテーションの場）に何度か参加しました。

現場で見て痛感したのは、プレゼンの技術やスライドの巧みさよりも、実際に動くプロトタイプやデモンストレーションがあるかどうかが決定的に重要だということです。

どれだけすごいアイデアでも、口頭で説明するだけではまったく評価されない。完璧でなくても構わないから、とにかく実際に動くもの、使えるものをつくって見てもらう。さらにそこにユーザーがついていれば、そのほうが評価される。誰よりも早く、具体的に目に見えるもの、使えるものをつくって勝負する。私自身もいち早く形にするというところにこだわりを持っています。

都知事選でも、デジタル民主主義というコンセプトを口にするだけでは、誰にも伝わらないと思っていました。なので、「AIあんの」という具体的なプロダクトをつくって、みんなに使ってもらうことに意味がありました。多くの人の目に触れ、実際に使ってもらうことで、改善すべきところが明確になり、そのつど、修正を加えていく。使えば使うほど、バージョンアップして、さらに使い勝手のよいサービスになっていく。どれも、私たちが普段ビジネスの現場でやっていることです。

発言機会の平等を意識する

すべての会議でそうするべきだとは思わないのですが、ブレインストームなど、アイデア発想をしたいときは、「発言機会の平等」を意識したほうがよいと思います。

結局、会議においては、発言力が強い人がボールを持ちがちで、話す尺も長くなります。でも、その「発言の尺」をうまく調整するだけで、これまで拾えていなかった意見が拾えるようになることが結構あるのです。

特に、デザイン系のワークショップなどでは、「発言機会を平等に担保する」という考え方がよく取り入れられています。たとえインターン生であっても、社長であっても、意見を言える機会を同じだけ提供できるようにファシリテーショ

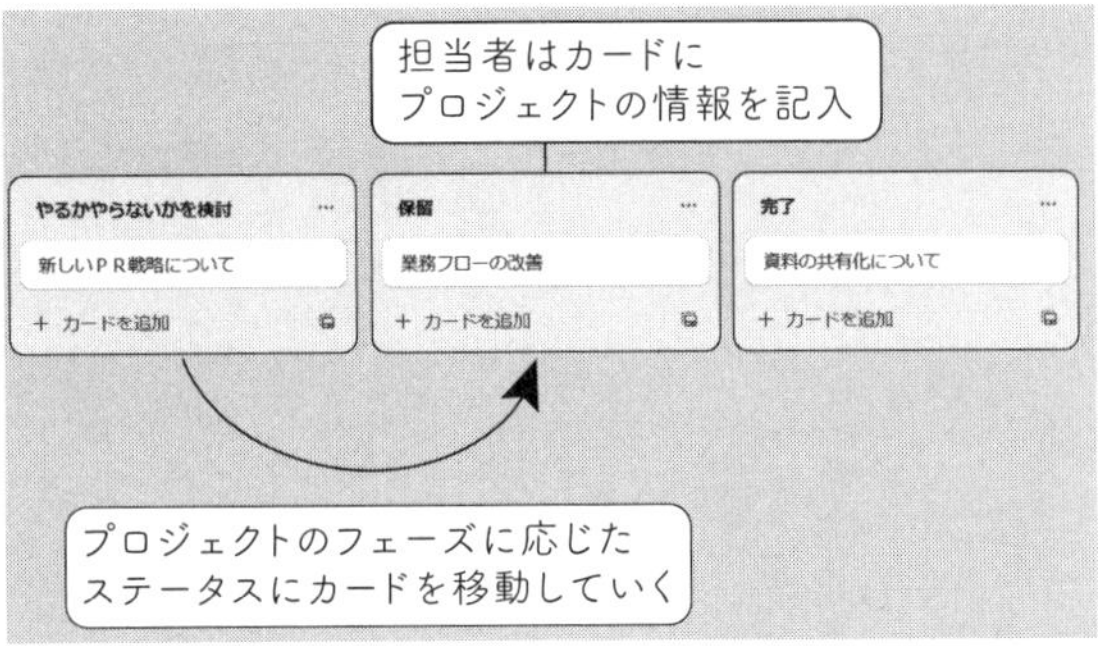

ンをする。そうした「意見が公平に回る」環境をつくることが、たくさんの人の意見を吸い上げる有効な手段の１つだと思います。

もちろん、すべての会議でこれを実施する必要はないかもしれません。でも、新しいアイデアを生み出したり、発想を広げる議論をしたりする場面では、発言機会の平等を意識することが特に有効だと感じます。

仕組みで意見を吸い上げる

私は、自分の会社においても、たくさ

図3-2 カンバン方式で、みんなの意見を吸い上げる

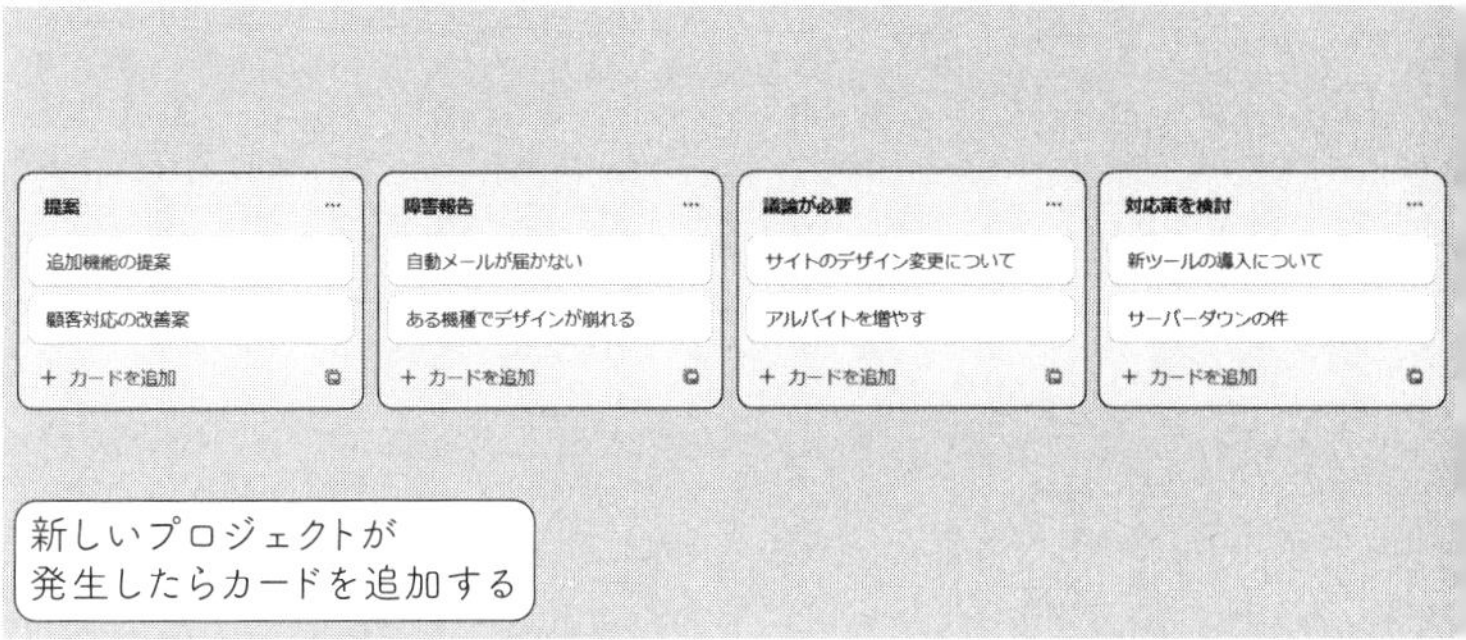

※フェーズごとの仕事量がわかりやすい

んの人の意見を吸い上げることを大事にしていました。

よくやっていたのは、議論の流れの「型」をつくり、その型がうまく機能しているかをモニターしながら進める方法です。

たとえば、毎日10分ずつ朝会と夕会を行なうのですが、それを「カンバン方式」で運用していました。

具体的に説明すると、カンバンの最初の列には「思ったことを、なんでも書いてください」といったルールを設けます。そこには、社員の方から「新しい機

能を追加したほうがいいのでは」「この不具合が発生した」「開発環境に問題がある」といった内容が書き込まれます。そして、それらを朝会や夕会の10分間で上から順に1つずつ確認していきます。

その際、内容に応じて分類を行ないます。たとえば、時間をとって議論が必要なものは3列目に移動、単なる障害報告は2列目に移動、という具合です。この朝会と夕会の10分間はひたすら処理する時間で、議題がどんどん振り分けられていきます。

こうして振り分けられた議題は、それぞれ適切な会議で取り扱われるようにします。たとえば、隔週や週一で「対応策を決める会」を開催したり、「やるかやらないかを決める会」を設けたりするのです。「保留」の列に入ったものは1か月に一度「棚卸し会」を設けて改めて検討しています。このような仕組みを整えることで、誰でも自由に意見や課題を提言することができ、それがどのように処理されるのかが透明化されます。

結果として、社員は誰でも、自分の提案や気になることを書いておけば、それが、どういうふうに処理されていき、今どの状態にある、ということが見えている状態になるのです。

AIで誰一人取り残されない社会へ

こんなふうに私は会社でも、「どのようにタスクや議題の列をつくり、それをどの会議で処理すれば、課題やボールが宙に浮かないようにできるか」を常に考え、実行してきました。

この仕組みは、もっと大きなスケール、つまり「民主主義の場」でも応用できるのではないかと考えています。

たとえば、オードリー・タンさんが携わっていた「ジョイン」(https://join.gov.tw/)というプラットフォームがあります。ここでは、行政上の課題につい

図3-3　行政上の課題を提案できる「ジョイン」

出典：台湾国家発展評議会

て何か提案したいことがあれば、台湾の居住権を持つ人なら誰でも、掲示板でいうスレッドのようなものを立てて、オンラインの議論にかけることができます。それを読んだ人たちは、支持する意見や反対意見をコメント欄に書き込み、各コメントを読んだ人も「いいね」という賛成の意思表示ができます。

そうやって議論を重ね、1つの提案について、60日以内に賛成が5000人以上集まると、行政府による検討プロセスに回されるという仕組みになっています。

このジョインがすごいのは、ユーザー数が150万人もいることです。台湾の人口は2300万人あまりなので、人口の6・5%くらいが利用している計算です。この10年でおよそ1万件の提案があり、5000人以上の賛同を集めたのが346件。全体の3・5%近くが検討プロセスまでいき、さらに実際の政策として反映されたのが、その半分の172件あります（2025年1月時点）。

結果として、国民の提案の1・7%ほどが実現したことになり、それまで民意を政策に直接反映させる仕組みがなかったことを考えれば、大きな前進だといえます。

ある議案について「この段階にある」「自分はこれに賛成だ」「こうしたほうがいいのではないか」という意見が集約できる仕組みがシステムとして構築されれば、それ自体が新しい形の民主主義になると思うのです。そうした大規模なシステムが機能すれば、代表制民主主義とはまったく異なる形での「市民の声を反映する仕組み」が可能になると感じます。

このような仕組みは、非常に大きなスケールになりますし、参加者が増えれば増えるほどちゃんとした議論がしにくくなるため、今までは実現できませんでした。しかし、ＡＩでコミュニケーションを集約したり、仲介したり、補強したりすることができれば、今までできなかった「1億人で議論する」ということもできるようになるのではないかと考えています。

すでに研究レベルでは、ＡＩを活用することで合意形成の確度を上げられるような事例が出てきています。ＭＩＴ（マサチューセッツ工科大学）の「ハーバーマス・マシン」[*2]という研究です。この研究では、様々な人たちの交渉案をＡＩがとりまとめることによって、議論の参加者はどう感じるかを調べたものですが、人間の仲介人と比較して、ＡＩはより感じのよい発言をしたと捉える人が多く、幅広い合意を生み、グループの分断を少なくしました。また、ＡＩの発言は、マイノリティの視点を遠ざけることなく、より明確で論理的、そして情報量に富んでいたといいます。

終章でも説明しますが、今後の私の構想としては、「ブロードリスニング」による全体像のマッピングから一歩進み、集約した意見が具体的な政策案になるまでの大規模な合意形成を行なうシステムをオープン化していきます。前回の反省を踏まえて技術的なことに詳しくない人でも、参加しやすいものにしていきたいと考えています。

これまでのシステムとは異なる、柔軟で細やかな民主主義の形がつくれそうだと考えると、とても面白い未来を描けるのではないでしょうか。

最後にもう1点、ジョインですごくいいなと思ったのは、その取り組みが教科書に載っていることです。「こういうプラットフォームがあって、あなたたちも

＊2 Michael Henry Tessler, Michiel A. Bakker, Daniel Jarrett, Hannah Sheahan, Martin J. Chadwick, Raphael Koster, Georgina Evans, Lucy Campbell-Gillingham, Tantum Collins, David C. Parkes, Matthew Botvinick , and Christopher Summerfield. "AI can help humans find common ground in democratic deliberation". Science , Oct 2024. https://www.science.org/doi/10.1126/science.adq2852

政治や行政に参加できる」ということを子どもたちに教えているわけで、そういう積み重ねがあってはじめて、ジョインを使う人が増えていくし、デジタル民主主義が世の中に浸透していくのだと思います。

第4章

「はじめる」社会をつくりはじめる

デジタル民主主義2030プロジェクト

ほんの少しの工夫で社会は変わる

この先、日本がよくなる未来をうまく想像できない、という声をよく耳にします。若者が減り、活気を失い、ゆるやかに、じわじわと衰退していく。現状を打破するための解なし。日本はもうオワコン。そんなイメージを持っている人も多いかもしれません。

でも、本当にそうでしょうか。

私はまったくそうは思いません。たしかに問題はあるかもしれない。けれども、それはシステムのバグ（欠陥）のようなもので、やり方次第でいくらでも解消できる。システムをチューニングしてゆけば、ポジティブな未来をつくれるはずです。

少しの工夫で結果を変える手法として、行動経済学の「ナッジ」という概念があります。

ナッジとは、人間の行動特性に基づき、人がある選択を自発的に行なうように自然に促すことです。

たとえば、食事を盛りつけるときに、お皿のサイズが大きいと量が少なく見え、お皿が小さければたくさん入っているように見えます。お皿のサイズを変えるだけで、満足感が増し、食べる量も減らすことができます。[*1]

「ナッジ」は社会政策にも活用されています。

千葉市では、男性の育休取得を増やそうと、取得予定を確認する際に従来の

＊1　Koert Van Ittersum, Brian Wansink"Plate Size and Color Suggestibility: The Delboeuf Illusion's Bias on Serving and Eating Behavior".Journal of Consumer Research, 1 August 2012.
https://academic.oup.com/jcr/article-abstract/39/2/215/1795747?redirectedFrom=fulltext

「育休を取得する理由」ではなく、「取得しない理由」を書かせることで、「取得することが当たり前」という状況をつくったところ、育休取得者が2016年度の12・6%から2019年度には92・3%に増加しています。[*2]

また、ごみのポイ捨てをなくすため、2009年にフォルクスワーゲンとストックホルムの広告会社が行なったキャンペーンでは、公園のゴミ箱にゴミを捨てると、深い井戸にものを捨てたときのようなヒューという音と、下に落ちたときの衝撃音がするような仕掛けをつけました。[*3] すると、自分も試してみたいと思ったのか、周辺のゴミを拾って捨てる人が出現し、従来の40%増のゴミを回収できたそうです。

こんなふうに、システムに少し手を加えるだけで、結果がガラリと大きく変わるという実例は、いくらでもあります。

日本の社会と民主主義のバグを直す

みんなの「合理的」な選択の結果、視野が近視眼的になってしまう構造

では、何をどうしたら、社会をよい方向に変えられるのでしょうか？

政治の問題を取り上げるとき、属性間対立をあおったり、「誰が悪いのか」と

＊2　公益財団法人東京市町村自治調査会「自治体におけるナッジの活用に関する調査研究報告書 ～ちょっとした工夫で政策をより良くするには～」（2023年3月29日）https://www.tama-100.or.jp/0000001139.html
＊3　Sustanable Japan「【スウェーデン】「楽しさ」が人々の行動を変える。フォルクスワーゲンが提唱する「ファン・セオリー」（2014年7月3日）https://sustainablejapan.jp/2014/07/03/funtheory/10978

いう犯人探しになりやすいように感じます。ですが、私は、そもそも犯人を特定するようなことをしても意味がないと思っています。**なぜなら、ほとんどの人たちは、それぞれの人にとって合理的な意思決定をしているだけ**だからです。

たとえば、サラリーマンで課長・部長になって、あと5年、10年で定年を迎えるという状況になったら、あえてリスクを取らなくても、波風を立てずにいたほうが、定年まで無事に過ごせる可能性が高い。何か新しいことをはじめようとすると、失敗したときに責任を取らされ、辞めさせられるリスクが高くなります。それは会社だけでなく、行政セクターも同じでしょう。なかなかリスクのある意思決定ができないのです。

政治だって同じです。私も、自分が何十年か前に生まれていたら、個人としては、年金はたくさんもらえたほうがいいし、医療費もできるだけ負担が小さいほうがうれしい。そういう意見を持っていた可能性は高いでしょう。自分の寿命があと10年、20年くらいだとしたら、あまり長期的なことを考えても仕方がないし、明日の自分が損をするのはイヤだと思うのが普通です。

今の社会は、一人ひとりが、合理的に意思決定した結果、コミュニティ全体として見たときに近視眼的でリスクテイクのできない構造になってしまっているわけです。であるならば、一人ひとりに非合理になれと迫るよりも、**合理的な考えが積み重なることが、コミュニティにとっても効果的になるようにシステムを変える**ほうが現実的な解決策といえるのではないでしょうか。

民主主義にバグはあるか？

個々が合理的に考えるだけでは現状を変えられない。では、どのようにシステムを変えればいいのでしょうか。ここで既存の制度を詳しく見てみましょう。

民主主義を成り立たせるためのシステムとして「選挙」があります。

選挙は、市民が自分たちの意志を政治に反映させるための制度であり、

- **ある年齢に達するとすべての国民に選挙権がある**
- **1人1票**
- **無記名投票**
- **多数決で代表が決まる**

などといった決まりごとがあります。

では、この仕組みはうまくいっているでしょうか？

たとえば、多数決について考えてみます。

多数決は、賛成する人が多いほうの意見が採用されますから、一見、合理的に見えます。

しかしご存じの方も多いと思いますが、今の日本では人数の多い年代——年齢が高い世代の意見が通りやすくなってしまう「シルバーデモクラシー」の問題があります。仮に20代から40代が全員投票したとしても、票の数では50代以上の人

たちよりも絶対数が少ない。50代以上の人の投票率が劇的に下がらない限り、若者の意見は通りにくい。若者が選挙に行く意味はないという意見が頻繁に挙がるほどです。これは、コミュニティが民主的に意思決定をするための合理的なプロセスといえるでしょうか？

これも一人ひとりが賢くないわけでも、悪いわけでもありません。シルバーデモクラシーは、いわば選挙システムのバグ（欠陥）のようなものです。先進国では程度の差はあっても、少子化と高齢化がセットで進む傾向があります。これは今後、どの国でも起こり得る問題なのですが、民主主義国家の中でも日本が少子高齢化の最前線を走っている状況といえます。

これは、選挙というシステムそのものが内包するバグですから、私は、投票以外の場でも政治や社会に民意を反映できるような仕組みをつくることで、この問題をある程度解消できると思っています。これが、私たちが推進したいと思って

図4-1 令和4年10月参議院選挙における年齢別投票状況

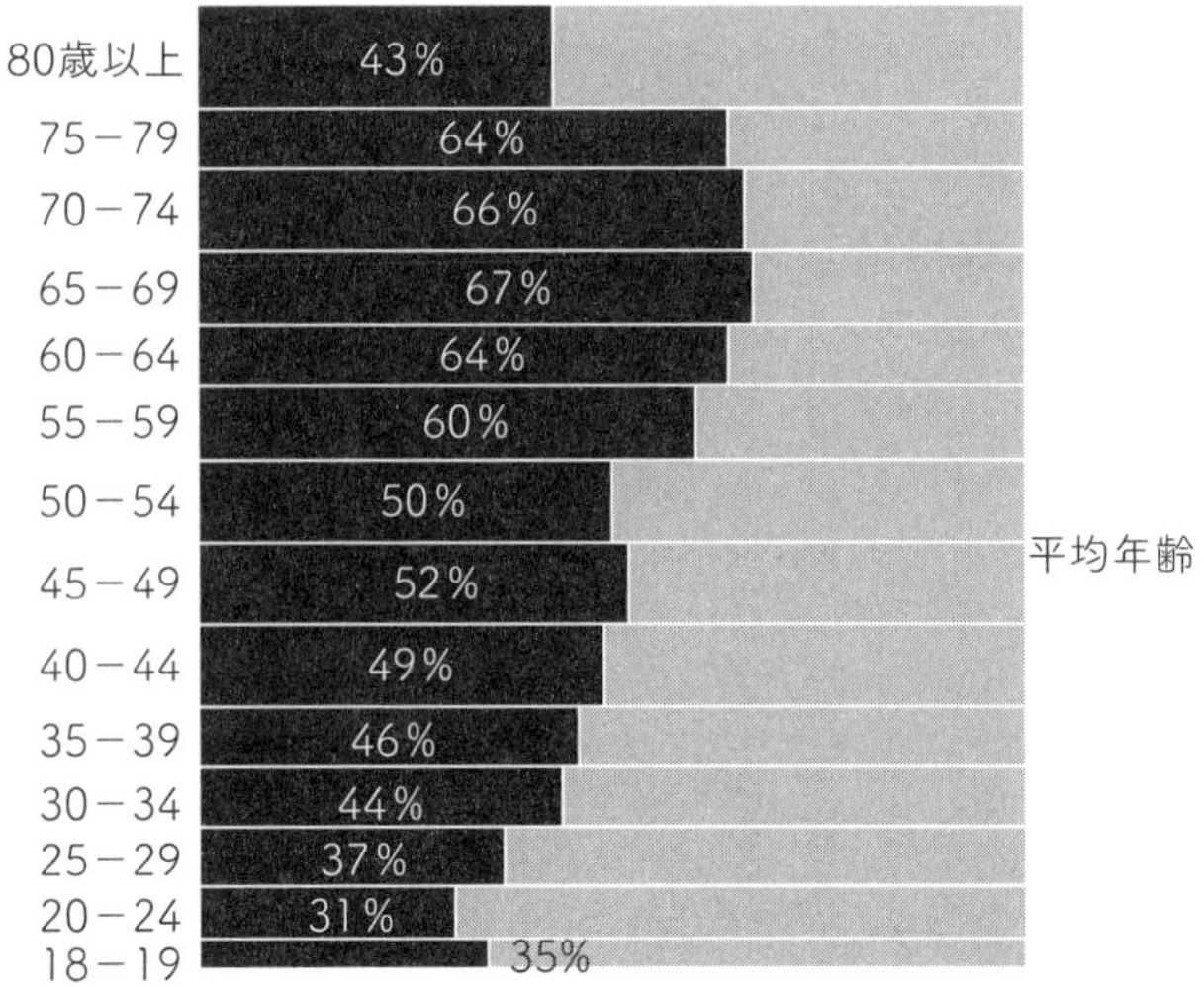

総務省選挙部「第26回参議院議員通常選挙における年齢別投票状況（抽出調査）」、およびe-Stat「人口推計」2022年10月1日より作成（https://www.e-stat.go.jp/、https://www.soumu.go.jp/main_content/000646950.pdf）

いる「デジタル民主主義」の重要な柱の1つです。

もう1つ、民主主義国家によくある問題として、合意形成にかかるコストが非常に高くなってしまうという問題があります。みんなの納得を待っていると、どうしても意見のすり合わせに時間がかかります。しかも、私たちにとって「民意」を現実の政策に反映させていく主な手段は「選挙」しかありません。にもかかわらず、これだけ変化のスピードが速い時代にあっても、選挙は原則として数年に一度しか行なわれません。

変化のスピードがゆるやかだった時代ならそれでよかったかもしれませんが、今はたった1か月でも、世の中は大きく変わります。テクノロジーの進化もそうだし、国際情勢も、地震や災害も、コロナのような感染症の広がりも、1年後の未来さえ見通すのが難しい。まして数年後の日本が、東京がどうなっているのかなんて、わかりようがありません。

こんな時代に、4年ごとに選挙が行なわれるという、ゆるやかなアップデートで本当にいいのでしょうか。

これについては、オードリー・タンさんが面白いことを言っています。選挙は非常に低速の通信になっていて、数年に1回、数人の候補者の中から誰を選ぶかというわずか数ビットの情報を交換しているだけのシステムなんだというのです。現在主流になっている携帯電話の通信規格である5Gは、1秒間に理論上20ギガバイトの通信ができるため、数ビットの1000億倍の情報量を送ることができます。つまり、選挙という民意伝達システムはあまりにスピードが遅すぎて、時代に即していないのではないかということです。[*4]

即時に民意を収集する技術はそろいつつあるのに、従来通りの選挙の仕方しか認められていない。ここには改善の余地があるのではないでしょうか。

科学や技術などのイノベーションはどんどん先に進んでいても、社会がそれを受容するには、ものすごく時間がかかります。

AIをはじめ、テクノロジーの進化で、できることの幅が急速に広がっているけれど、「よし、これをやろう」と社会的な合意が得られるまでやたらと時間がかかる。だから、結果として、ラディカルだけれども必要な社会構造の変化が起きにくくなっている。これも、民主主義というシステムに固有のバグだと考えられます。

選挙に頼らずに
自分たちの意見を反映するパスをつくる

シルバーデモクラシーや合意形成の遅さとは、結局「自分たちの意志が、公平に、迅速に、政治に反映されているのか」という問題につながります。

これらの課題は、デジタルテクノロジーを使うことで解決できるのではないかという発想が「デジタル民主主義」の原点です。

その取り組みの1つとして、私たちは都知事選で、みなさんの意見を広く聴くために**「ブロードリスニング」**という新しい取り組みをはじめました。

＊4　アシタノカレッジ「デジタルの力で台湾を変えたオードリー・タンに、〝これからの時代を生きるヒント〟を聞いてみた！」TBSラジオ（2021年9月2日）https://www.tbsradio.jp/articles/43664/

図4-2　ブロードリスニングの仕組み（再掲）

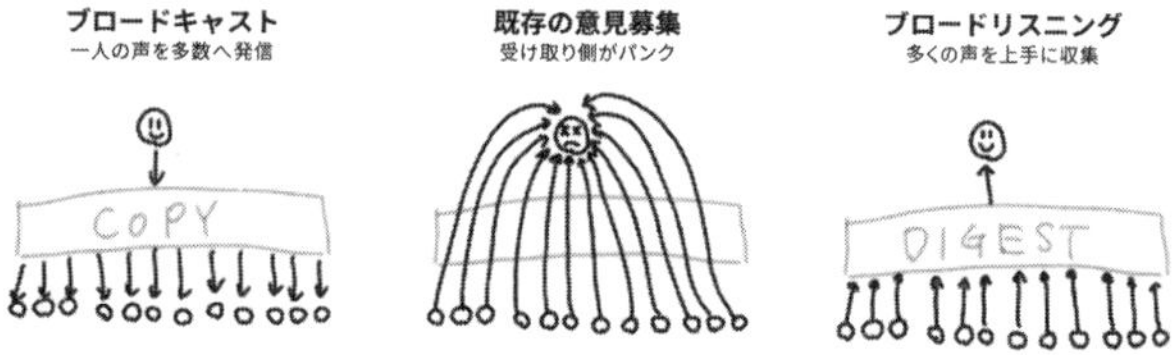

出典　チーム安野　「主観か客観かではなく、一人の主観から大勢の主観へ」
西尾泰和　This work is marked with CC0 1.0（この図はCC0ライセンスのもの）

第1章でも少し説明しましたが、ブロードリスニングは、1人の発信者が不特定多数に同一のメッセージを発信する「ブロードキャスト」とは正反対の情報の流れを実現するというコンセプトの取り組みです。

つまり、テレビやラジオのようなブロードキャストが「1↓多」の情報の流れだとすると、ブロードリスニングは「多↓1」と、多数の声を1か所に集めるような情報の流れになります。

これまでも不特定多数の意見を聴く仕組みは、たとえばパブリックコメントなどがありました。しかし、数百件、数千件もの異なる意見を1か所に集めるとなると、寄せられた意見を一つひとつ読み込むだけでも大変です。作業量が膨大すぎて、受け取り側がパンクしてしまう恐れがあったわけです。

一方、ブロードリスニングでは、様々な意見を読み込んで分類・要約する作業をAIが代行します。よくある意見や、みなさんの主要な関心事が自然と浮き上がってくるので、受け取り側はそれを見て、素早く意思決定することができます。

膨大なデータの中から共通点を抽出したり、傾向を読み取ったりするのはAIの得意分野ですから、これまで難しかった「多→1」の意見集約ができるようになるのです。

デジタルテクノロジーはオードリー・タンさんふうにいえば、通信の帯域幅を広げてくれるわけです。そのため、より幅広い人たちから、より速く、より深い情報を吸い上げる、つまり「聴く」ことができるようになります。

私は、この仕組みによって、およそ2週間の選挙運動期間を、ただ決められた数人の候補者の中から首長を選ぶという、いわば数ビットだけの情報を交換する場ではなくて、どんな東京にしたいのか、そのためにはどんな政策がいいのかをみんなで考える期間にできるのではないかと考えたのです。

選挙期間中に私が取り組んだマニフェストづくりは、その典型です。何をやったかというと、ウェブのフォーラムを通じてみなさんから意見を集め、その中で特に「これはいい！」と思ったものについては、マニフェスト（選挙公約）に反映させました。

今ならAIを使えば、膨大な意見を集約・要約するのも、多くのユーザーの議論のファシリテートをするのも効率的にできるので、みんなで一緒にマニフェストをつくっていくことも可能なのです。

これは、キャッチコピー的に耳あたりのよいスローガンを並べるだけだった従

図4-3　声を聴くシステムが変わる

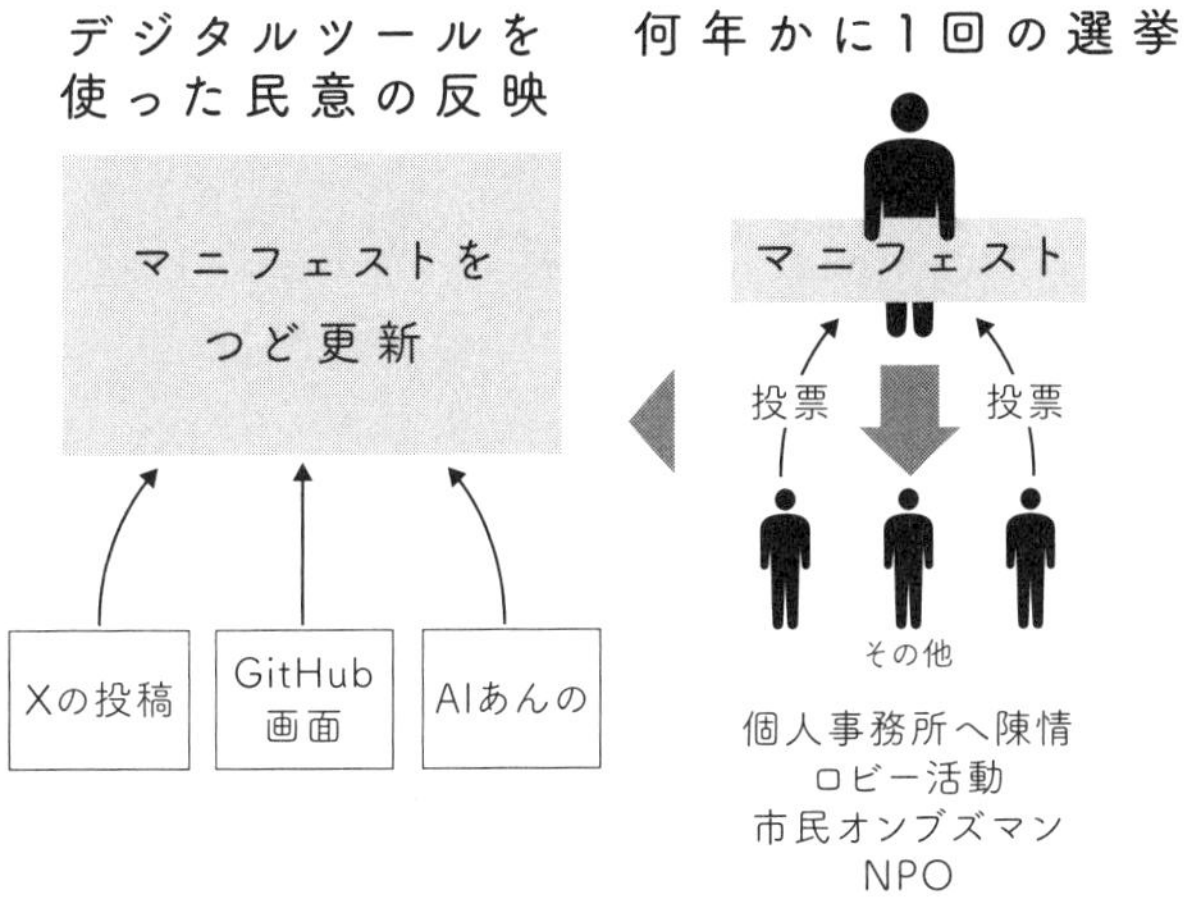

来のマニフェストとは一線を画す試みです。

今後は、音声も処理できるAIを活用して、ネットが苦手な方には電話で意見を言ってもらい、テキストデータと同様に集約することもできるようになるでしょう。

オフラインミーティングでの議論をうまくオンラインの議論と接続することも、労力なくできるはずです。

これまでは、政治に自分の意見を届けるというと、基本的に、選挙に行くしか方法がありませんでした。国や地方の公共団体に陳情したり、ＮＰＯ法人などをつくって勉強会を開き、社会的な課題について政治家に理解を深めてもらったり、業界団体などをつくってロビー活動をしたりすることもできますが、個人としてはなかなかハードルが高い。そこまでできるのは、少数の限られた人でしょう。

行政の側で、ある法案や施策についてのパブリックコメントを広く国民に募るといったことも行なわれていますが、コメントを送ったとしても、自分たちの意見がどこまで反映されたのかわかりにくく、そもそも反映されることも少なく、あまり意味のある制度にはなっていないように思われます。

しかし、デジタルツールを使うことで、こうした問題が解消される可能性があるわけです。

ブロードリスニングで政策の内容が変わる

実例として、直近で私が携わった東京都のプロジェクトをご紹介します。

東京都は、新たな長期戦略の策定に向けて、『2050東京戦略（案）策定に向けたご意見大募集 ～みんなでつくる「シン東京2050」プロジェクト～』というプロジェクトを2024年末から2025年初頭にかけて行なっていました。手法としてブロードリスニングを採用し、都民の声を広く集めたのです。

私は、東京全体のDX（デジタルトランスフォーメーション）推進に取り組むGovTech東京という都の外郭団体にアドバイザーとして関わり、このプロジェクトを支援していました。

2025年1月31日にプロジェクトの最終分析結果が発表されたのですが、私は都の意見収集プロセスに4つの効果、そしてプロジェクトの成果についても少なくとも2つのポジティブな効果があったと考えています。

まず都の意見収集と分析プロセスについては、「意見の数の向上」「意見の質の向上」「データ処理の効率」「データ処理の透明性」の点で格段の効果がありました。

・意見の数と質の向上

長期戦略の策定プロジェクトは4年に一度実施されてきましたが、これまではパブリックコメントを募集する形のみで意見収集が行なわれていました。前回、前々回のプロジェクトに寄せられた意見は数百件規模で、意見の提出者も40代以上の方が多かったといいます。今回はデジタルツールを用いたブロードリスニングを併用したことで、意見の数は数万件規模、そして10代から30代の意見も多く見られるようになりました。

・データ処理の効率

集まった意見を分析する上でも効率が大幅に向上しました。都の実務担当者に聞いたところ、「従来のやり方では、数万件の意見を分析するのには少なくとも数か月を要しただろう」とのことでした。ブロードリスニングのツールを用いることで効率が大幅に向上し、今回は収集期間の終了から数時間ほどで最終分析結果を発表できました。

・データ処理の透明性

さらに、分析に使ったソースコードを公開することができました。このことで、「データ処理に何らかのバイアス（偏り）があったのではないか」という疑いがあったとしても、それをオープンに事後検証することができます。

ＡＩモデルであってもバイアスをなくすことはできないため（中国製のＡＩは中国の見解を、アメリカのＡＩはアメリカの見解を話します）、処理にかかるバイアスを完全になくすことはできません。ですが、処理のやり方をオープンにすることで透明性を上げることは可能です。

結果としてはどうだったのでしょうか？　ブロードリスニングを通じて政策の内容はどう変わったのでしょうか？　私は「『若者支援』が長期戦略の柱の1つとなったこと」と「政策のカテゴリ分けが変化したこと」の2点は、今回のプロジェクトで顕著な成果だったと思います。

「若者支援」は、これまでの意見収集では取りこぼされていた都民のニーズです。若年層に対する支援政策は従来は「教育」の柱の中で考えることが多かったらしいのですが、実はそれだと、学校に行っていない人や、すでに卒業してしまった人にリーチすることができません。とはいえ、共通して抱える課題は多い人たちです。ちょうど盲点になっていた領域だったのですが、今回は10～30代からの意見を多くもらえたことで気づくことができました。

また、政策のカテゴリ分けを行政と有権者の間で揃えることもできました。

「安心・安全」は都の政策としてよく使われてきた表現で、戦略の柱としても採用されてきたのですが、収集された声を分析すると、実は「安心・安全がほしい」と考える人はあまりいませんでした。

その代わりに「治安が向上してほしい」「防災がしっかりしていてほしい」という2つの意見のカタマリが浮き彫りになりました。そこで、従来の「安心・安全」カテゴリを分割し「治安」と「防災」に分けました。このような、行政が考えていることと市民の認識のズレを可視化し修正できたのも、とても大きな成果だと考えています。

私はこの仕組みをこれからの社会の「当たり前」にしたいと思っています。この仕組みはオープンにして誰でも使えるようにしてあるので、今後も同様のやり方でいつでもみなさんの意見を集約して、臨機応変に政策に活かせるようになります。

デジタルデバイドをどう見るか

なお、デジタル民主主義というと、デジタルツールが苦手な人はないがしろにされるのではないかと思われる方もいるかもしれません。いわゆるデジタルデバイドの問題です。特に高齢の方には、なじみのないツールに対して、とりわけ難しさや心理的抵抗を感じることが多いでしょう。

この課題を完全に解決するのは困難ではあります。私自身、自分が高齢者と言われる年齢になったときに、そのときの最新技術をなんの苦もなく使いこなせるかは未知数です。

ただし、ＡＩ関連技術に関しては少し違った見方をしています。

今までの技術は「中身」を知らなければうまく使いこなせないものでした。たとえばプログラミングのような技術は、コンピュータのことに詳しい人であればポテンシャルを引き出せますが、そうではない人にとっては扱うことが難しかったと思います。

しかし、ＡＩ技術については「中身」を知らなかったとしても、人間に依頼するのと同じような形で使うことができます。たとえば、免許を持っていない私のような人間で、車のレバーやハンドルや各種ボタンが何をするものか知らなくとも、自動運転タクシーがあれば「どこそこに行きたい」と指示をするだけで実際にそこに行くことができます。そのため、ＡＩが発展していくにつれてデジタルデバイド自体は改善するのではないかとみています。

さらにいえば、デジタルデバイドの問題が完全に解決される前であっても、デジタル活用は積極的に進めていくべきだというのが私の意見です。というのも、今の民主主義ではシルバーデモクラシーの問題があり、若年層の投票率も低迷しています。デジタルを通じて若年層の意見を丁寧に聴ける仕組みをつくることは、総合的に見ると現在の状況を改善するのではないかと思うからです。

新たにデジタルツールを導入するからといって、既存の仕組みをすべて置き換えるわけではありません。デジタルが苦手な人にも、自分たちの意見を反映しやすい仕組みとして、選挙や陳情など、既存の仕組みはもちろん提供され続けるわけです。

一方で、若者は、普段からなじんでいるデジタルツールを使って自分たちの意見を政治の世界に届ける新たな経路を得る。それができたとしたら、それは今まで聴けなかった人たちの意見を政策に反映できる1つのきっかけになるはずです。

それは、今よりもよい状況といえるでしょう。

「デジタル民主主義2023」プロジェクト始動

2025年1月16日、私は記者会見を開いて新プロジェクト「デジタル民主主義2030」の開始を宣言しました。このプロジェクトは、2024年の都知事選挙への出馬経験をはじめ、同年10月の衆議院議員選挙報道の日本テレビとの共同プロジェクトや、GovTech東京のアドバイザーとしての経験を踏まえ、市民の声を可視化して、政治や行政に届ける「デジタル民主主義」をさらに強力に推進していくための実証実験です。

2024年は生成AIが大きく花開いた年でした。ChatGPTをはじめとするLLMの性能が飛躍的に向上し、私たちが日常的に使う自然言語を通じて、AIと意味のあるやりとりができるようになりました。このことが、民主主義におけるデジタル技術の可能性を開きました。都知事選で私たちが行なった「ブロードリスニング」や「ＡＩあんの」などの取り組みは、その先行例だと自負しています。

２０２５年は、さらに一歩進んで、デジタル技術が民主主義のあり方を実際に変えはじめる、まさに「デジタル民主主義元年」になると考えています。その動きを確実にするために、私たちは主に３つのオープンソースの開発プロジェクトを推進していきます。そして、「デジタル民主主義２０３０」というプロジェクト名にあるように、５年後の行政・政治の「当たり前」をつくっていきたいと考えています。

このプロジェクトは大きく3つの柱からなっています。

1 「ブロードリスニング」を誰でも使えるように

１つめが、ブロードリスニングのさらなる進展、膨大な意見をまとめる技術

図4-4 「Talk to the City」でつくる意見の全体像マップ

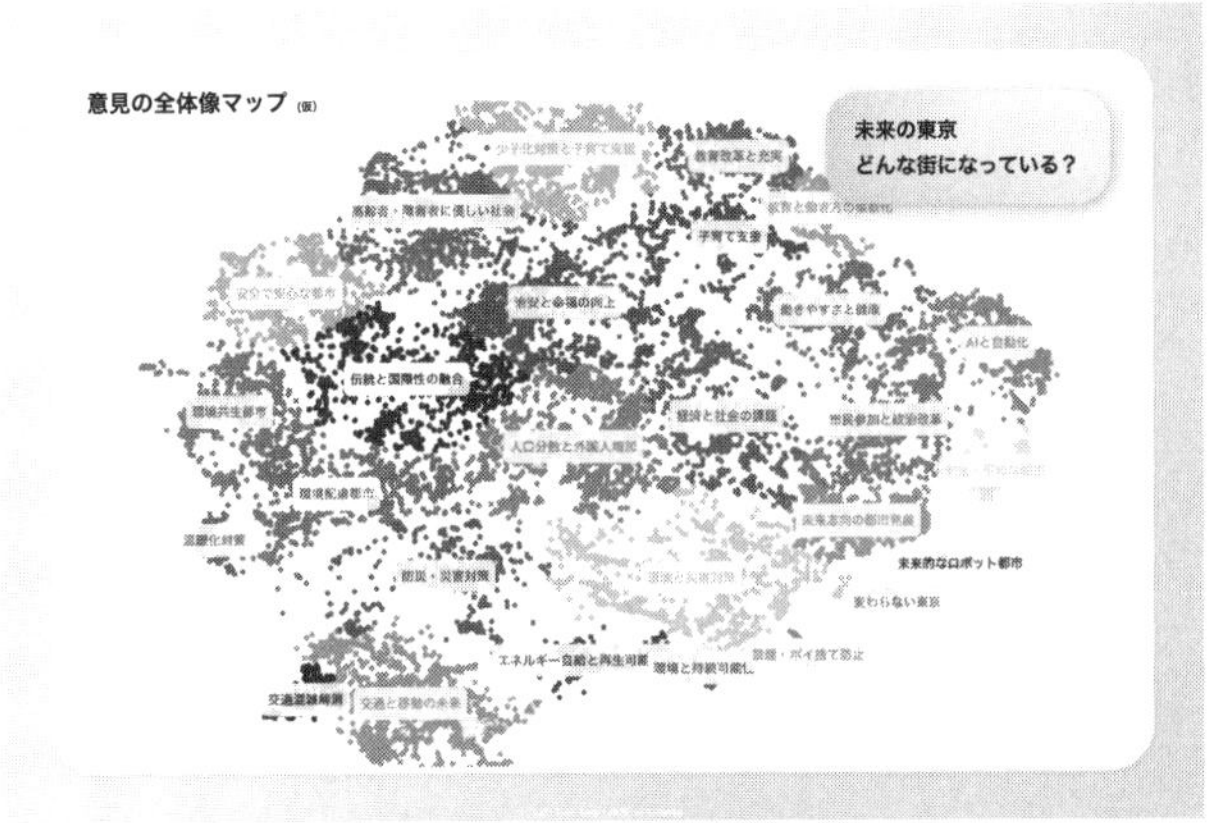

出典：チーム安野

「Talk to the City」の実用化です。みなさんの声を「聴く」ブロードリスニングについては、2024年の都知事選のときから開発を進め、東京都の新たな長期戦略の策定や、同年10月の日本テレビの選挙特番でも、X投稿の解析に活用されたりしました。今後さらに広く自治体、国、政党にも使っていただけるように、継続的にアップデートしていきます。

「Talk to the City」は、AIを使ってパブリックコメントなどの民意を「聴く」試みをさらに高度化するツールです。どんな声がどのくらい集まっているのか、一目でわかるように抽出するので、政策立案者などは、有権者の関心の高い問題に優先的に取り組めるようになります。

2「民意による政策反映」プラットフォームの開発

2つめの柱としては、民意による政策反映を実現するプラットフォームを新規に開発します。ブロードリスニングが意見の可視化や全体像のマッピングが主な目的だったのに対して、この新しいプロジェクトで提案したいのは、集約した意見を政策に反映すること。つまり意見が集まってきて具体的な政策案になり、それが実現していくまでの合意形成に必要なオンライン上での熟議を、大規模に実現するようなシステムをつくるということです。

都知事選のときにマニュフェストの議論を行なったGitHubは、慣れていない人には参加しづらかったという反省があります。

図4-5 みんなで政策議論プラットフォーム（仮）

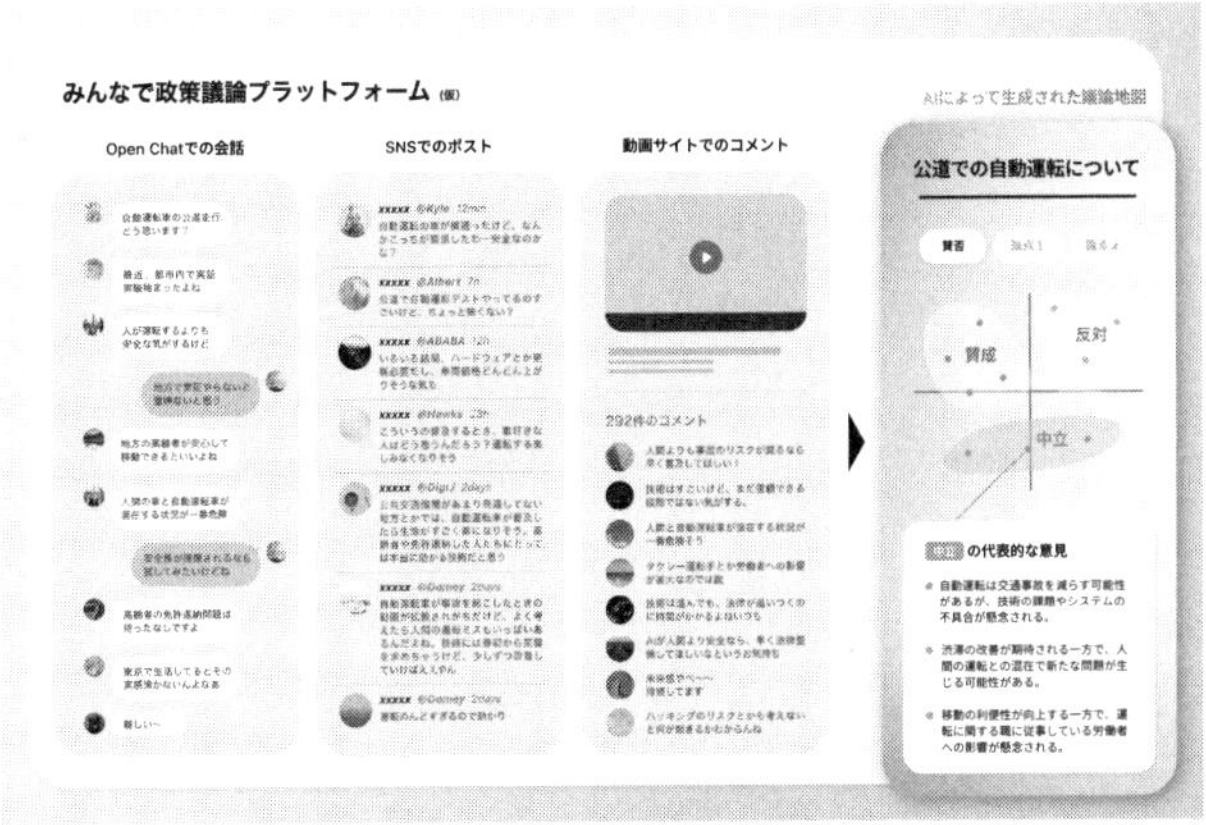

出典：チーム安野

そこで、技術に詳しくない人でも、気軽に書き込める、直感的にわかりやすいプラットフォームをつくりたいと考えています。

このプラットフォームは、オードリー・タンさんが携わっていた先行事例を参考にしています。

2014年のひまわり学生運動をきっかけに立ち上げられた合意形成プラットフォーム「vTaiwan (https://vtaiwan.tw/)」や、2015年に公開された行政プラットフォーム「ジョイン」は、人々の声を集めて可視化した上で、政策案に対してどれだけ賛成／反対が集まったのかを整理しながら、立法のプロセスに載せ、政策実現までを支えるようなシステムになっています。これらのプラットフォームが、台湾行政のデジタル化を推進するのに一定の成果をおさめたのは間違いありません。

議論が荒れない、議論を乗っ取られないための認証システム

市民からの提案となると、生活への密着度という点では、地方自治体向けのほうがイメージしやすいかもしれません。その場合、提案したり意見を書き込んだりする人が、間違いなくその地域の住民であるということをチェックする認証プロセスが必要になります。

マイナンバーカードでの認証を使うと、その人がどこに住んでいるのか町単位で認証できるので、そうした問題もクリアできます。マイナンバーカード認証がスマホでも簡単にできるようになっていけば、そことブロードリスニングを連携

することで、全国の自治体で同じような仕組みを導入しようという機運が高まってくるのではないかと考えています。

マイナンバーカード認証というと、個人情報保護との兼ね合いで否定的な印象を持つ人がいるかもしれませんが、マイナンバーカードを使っても、個人は特定せず、住んでいる自治体レベルまでしかたどれないようにすることは技術的に可能です。そうすれば、自分の意見を書き込んでも、そこから住所・氏名を特定されることはありません。あくまで、その提案に対する当事者であるかどうかを判別するための認証だと思ってもらうと、誤解が少ないのではないでしょうか。

なお、提案に対して賛成／反対の意思表示をするときは、その地域で暮らす有権者であることを条件にするのは理にかなっていると思いますが、「こうしたほうがいいのではないか」という最初の提案については、もっと門戸を開くこともできます。たとえば、ジョインにおける革新的な例として、選挙権のない未成年の提案が、一定数の賛同を得て議論の俎上《そじょう》にのせられ、実現したケースがあります。こうした仕組みが機能すれば、若者の政治参加に対する姿勢も変わってくるのではないでしょうか。

決めるのはあくまで人間

一方で、特定の考えを持った人たちに議論を捻《ね》じ曲げられてしまう危険はないでしょうか。台湾の人たちに、「活動家による多数派工作への対策はありますか?」と聞いてみたのですが、結論からいうと、そこはあまり心配していないようでした。5000人というハードルはそれなりに高くて意味があるし、仮に5000人の賛同者を集めて検討プロセスまでいったとしても、その是非を判断し、最終的にやるかやらないかを意思決定するのは、あくまで行政サイドだから、行政を乗っ取られるような心配はないということでした。

これは、今回の「デジタル民主主義2030」というプロジェクトにも共通する部分ですが、AIを使うといっても、それは手間のかかる部分をやらせるというだけで、AIが人間の代わりに何かを決めることは想定していません。意思決定する主体はまったく変わらないので、そこは安心していただきたいと思います。

一時的なブームで終わらせないために

ただ、導入から10年以上の時をへて、台湾では、これまで積み上げてきた一連のデジタル改革がやや勢いを失いつつあるようです。

立ち上げ時においては、議論を円滑に進めるためのファシリテーターや、不適切な書き込みをチェックしたりするモデレーターがものすごい時間と労力を投入して、サービスを支えていたわけです。

ところが、何年もたってその人たちが疲弊して、役目を終えて去っていくと、どうしてもアクセス数が下がってしまう。

また、世間の注目を集めるスタープレイヤーの存在が多くの人々を引き寄せ、議論を活性化するという面があるのは否めません。台湾のデジタル民主主義の象徴的存在だったオードリー・タンさんが2024年に大臣を退任した影響も大きいといわれています。同じシステムを使っているのに、議論してまとめたことが実際の行政に反映されるケースが少なくなってきているようです。

しかしながら、2010年代半ばの台湾と、2025年の日本で違うのは、AIの存在です。以前は人間が張りついてファシリテーションをする必要がありましたが、今はAIがその役割の一部を代替してくれそうです。すると、ファシリテーターの実働時間に縛られることなく、議論を深めていくことができるので、よりスケールする（広がる）のではないかと思います。

サステナブルであるためには、特定のスタープレイヤーに依存しない仕組みをつくることが重要です。そうしないと、一時的なブームで終わってしまう可能性があるわけです。

資金と政治権力とアテンションを1か所に集める

台湾の人たちに話を聞いてわかったのは、デジタル民主主義的なプラットフォームが根づくためには3つの要素が必須だということです。1つは持続的な資金、2つめが政治的な権力で、3つめがアテンション、人々の注目です。この3つが同じ時期に1人のプレイヤーに注がれていることが非常に大事だということでした。

このうちの1つでも欠けると、一時的な盛り上がりだけで終わってしまう。たとえば、いくらいいシステムがあったとしても、持続的に資金を供給できなければ、人を雇うことができないので、当初の熱量は続きません。資金の手当てがあったとしても、行政や、政治家のコミットメントがないと、そこで議論されたことが無駄になってしまうかもしれません。「ここではこういう結論が出ました、以上」というわけで、議論の結果を実際のアクションにつなげていく政治的なパワーがなければ、絵に描いた餅で終わってしまうわけです。

さらに、人々のアテンションが集まらない、つまりアクセスするユーザー数が減ってしまうと、「有権者の声といっても、ごく一部の極端な人たちが言っているだけの話でしょう?」ということになり、議論そのものの正当性が失われてしまいます。そうなると、より政治的なパワーが落ち、さらに人が集まりにくくなるという悪循環に陥るわけです。

この3つの要素をいかにバランスよく1か所に集めるかが重要です。オードリー・タンさんのような人物が真ん中にいると、スムーズに立ち上がる可能性がすごく高い。将来的には属人的な要素を排除して、特定の個人に頼らないサステナブルな仕組みをつくることが望ましいけれども、最初に投入するガソリンとして、注目度の高い人間の力を借りるのはありだと思います。

最初は「スケールしないことをしよう」

スタートアップ界隈では、最初は「スケールしないことをしよう」というアドバイスを耳にすることがあります。これは、数多くの起業家を輩出したYコンビネーターのポール・グレアムの言葉です。たとえば起業家自ら大学に行ってビラをまく。「このアプリを入れてみませんか?」と潜在的な顧客である学生を一人ひとり口説いて、自分たちのプロダクトがどのように受け取られるか、肌感覚で知っておく。オンデマンドフードデリバリーの「ドアダッシュ」も、最初は創業者が自ら配達していたといいます。

成功すれば、そうした経験は創業期を彩るストーリーとなって、人々の印象に残るし、何より、直接顧客と触れ合うことで多くの学びが得られます。

そう考えると、「スケールしないこと」の1つとして、たとえば安野という人間の属人的なアテンションを活用して、立ちふさがる課題を1つずつ突破していくというのは、有効だと考えています。

私は永田町の中だけ、あるいは地方議会の中だけで議論が進んでいて、一般の有権者の声は届かない、という従来の垣根を越えて、民意を集め、その結果として実際の立法、条例の制定に結びつく。そういう場をAIとウェブの技術を組み合わせることで実現していきたいのです。

3 政治資金を透明化して「政治とカネ」の問題をクリアする

プロジェクトの3つめの柱は、「はじめに」でも触れましたが、「政治資金の透明化」のためのダッシュボードの開発です。

政治資金の使途を誰でもチェックできるようにするというと、抵抗感を覚える政治家もいるかもしれませんが、現状ではたとえ意図したものでなくとも、ミスがあっただけで、政治的に窮地に立たされるケースがあとを絶ちません。政治家本人がすべての寄付金や収入、支出の記録に目を通すことが現実的ではない以上、政治とカネの問題がいつ自分に襲いかかってくるか、ビクビクするくらいなら、いっそのこと全部透明にして、一点の曇りもない状態をキープするほうが、メリットも大きいのではないでしょうか。

この問題を考える上では、キャッシュレス化が進んでいるスウェーデンの事例が参考になります。

スウェーデンでは、閣僚に対して、政府からクレジットカードが貸与されます。そのカードを通じて公金の支払いをしており、どの閣僚が何にどれだけ使ったのかという情報、クレジットカード明細がどんどん開示されていく仕組みが整っています。

同様の試みは日本でも、草の根レベルではじめることができます。個人や企業はすでにクラウドサービスの会計アプリを使って、お金の流れの見える化を実現

図4-6 議員収支を可視化する

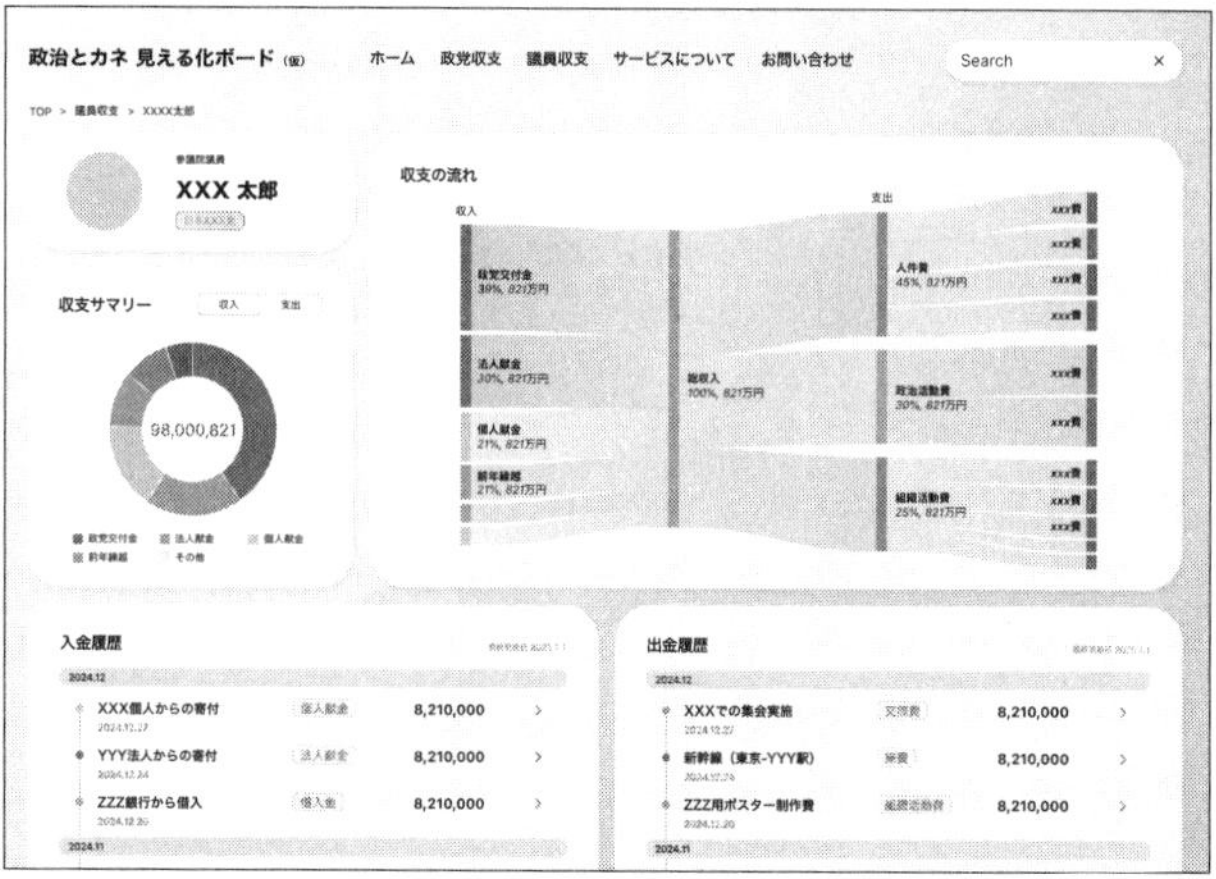

出典：チーム安野

しているからです。それと同様に、政治家も現代的なシステムを使って、ダッシュボード上でお金の流れを可視化し、それを市民にも公開することができるはずです。

このような取り組みは、同時に、政治を本来のあり方に戻すことでもあると思っています。民主主義ではもともと、私たち一人ひとりが意思決定の主体であるはずだからです。

行政組織のお金の流れも透明化できる

政治資金の透明化をさらに進めていくと、自治体や政府のお金の流れの見える化まで視野に入ってきます。

デジタル民主主義で議論を深めていくときの前提として、何にいくら使われて、どれだけ効果があったのか、という検証プロセスが非常に重要だと考えています。現状では、何にいくら使うかという予算を分配するときは、議会で時間をかけて慎重に議論され、決定されていますが、その政策を実行した結果、どれだけ効果があったのかを検証する機会はほとんどありません。まして、税金がどれだけ効率的に、効果的に使われたかをチェックするのは至難の業です。

行政におけるお金の流れが透明化されると、「この施策にはこれだけ予算が配分されたけど、目標としていた成果にはほど遠い。半分でよかったのではないか」とか、「その分のお金をこちらの施策に回せば、有権者の満足度は高まるのではないか」といった議論ができるようになります。金額の多寡によって、国民や住民が優先的に取り組んでほしい課題も見えてきます。そういったところまで見える化できれば、デジタル民主主義のレベルがもう1段階、ランクアップするのではないかと思うのです。

企業会計の分野で使われているクラウドベースの会計ソフトを、行政に特化した形でカスタマイズすれば、大きなニーズがあるのではないか、と考えています。行政が使うお金は、もとをたどれば、私たちの税金が原資になっているのですから、有権者である私たちに知られてマズイことなど、原理的にはあってはいけないはず。そこまで視野に入れて、開発を進めていければと考えています。

私たちの未来は私たち自身がつくっていく

2025年1月16日に記者会見を開き、「デジタル民主主義2030」の実証実験を共同で実施してくれるパートナーを募集したところ、与野党や全国の自治体から「興味がある」「ぜひやってみたい」と引き合いがありました。

歴史上、日本の複数の政党がオープンソース・ソフトウェアを使って国民の声に耳を傾け、コミュニケーションをはかった事例はありません。これから私たちは、様々な形で実証実験に取り組んでいくことになります。

もちろん、私たちのプロジェクトは、特定の政治家や特定の政党を支援するわけではなく、あくまで中立的な立場から技術的な支援をしていくことになります。

開発については、すでに10名ほどのチームメンバーでプロジェクトを開始しています。今後の私たちの活動に期待していただきたいと思うと同時に、ぜひみなさんにも、日本の政治を、日本の行政をよくしていくための議論にご参加いただきたいと願っています。開発や活用をサポートしていただけるメンバーも引き続き募集中です。興味のある方は、ぜひご連絡いただければと思います。

2030年の当たり前をつくるために、みなさんの力を貸してください。日本の未来をつくっていくのは、ほかならぬ、私たち自身なのですから。

おわりに

これからの人の仕事は「未来への方向性を示すこと」

ＡＩが高度な知的作業をこなせるようになったとき、人間がフォーカスすべき領域は、「こっちの方向にいくべきだ」という「方向づけ」や、それをほかの人やＡＩに適切に伝える「言語化」の能力でしょう。

実際のところ、今のＡＩではできないことだらけです。

たとえば、私は今のＡＩが政治的意思決定を代替すべきだとは思っていません。

人間は社会的な文脈など不確定な情報も取り入れて物事を判断することができますが、ＡＩはネット上の情報やデータでの判断しかできません。ネットの情報には偏りもあるため、それを前提に議論をした上で判断することが必要でしょう。

仮によいパフォーマンスが出せたとしても、今のＡＩで意思決定をそのまま代替すべきかは疑問符が残ります。特にＡＩを公共的な政策決定の場面で直接的に利用することに対しては、社会的な合意を取っていく必要があり、慎重になるべきです。

「それでは、何も変わらないじゃないか」と思われる方もいるかもしれませんが、たとえ意思決定のやり方がまったく変わらないとしても、政策立案者や政治家などに提示される情報の流れ方が変わることによって、私たち有権者の思いはより伝わりやすくなりますし、そうした声が誰の目にも明らかになっている以上、説明責任は発生します。

今後、技術が進化するにつれて、何かをはじめようとするときの障壁は、どんどん取り払われていくでしょう。たとえば、問題に気づいてもそれを解決するのが難しかったり、革新的アイデアがあっても、それを実現する技術や知識がないためにあきらめたりしていたことが、過去には多く存在しました。これからはＡＩがそうした障壁を取り払い、実現のハードルが下がっていくでしょう。

また、AIは「コミュニケーションのスケール」を飛躍的に広げる可能性があります。今までは1人のリーダーが定期的に話をし、意思疎通を図れるのは20人程度が限界でした。しかし、AIを活用すれば、たった1人で1万人のメンバーと効率的に連携し、大規模な組織を運営することも、現実味を帯びてきます。

オープンAIのサム・アルトマンは「1人でユニコーン企業（10億ドル規模のスタートアップ）を生み出すような時代が来る」という発言をしていますが、このような背景があるからです。私も、こうした未来は実現可能性が高いと感じています。

「未来はこうなってほしい」「こうしたい」といった願望は人間特有のものと考えられます。

今のところ、AIは与えられた目的に基づいて動くものであり、目的そのものを自発的に持つことはまだありません。AIに正しい目的を与えるのは人間です。結局のところ、「人間にとって望ましい未来を描く」のは人間の役割だと思うのです。実装するための手段をＡＩに尋ねることはあっても、未来をデザインするのは人間なのです。
私自身も、これからも未来をデザインしていくことに関わっていきたいと思っています。

先が見えない世界ではありますが、それでも動いていくことで、何かが見え、道を開いていくことはできます。
あなたが踏み出す道が、よりよい社会へとつながり、一緒に次の世の中をつくっていけることを楽しみにしています。

２０２５年４月

安野　貴博

安野貴博（あんの・たかひろ）
合同会社機械経営代表。
AIエンジニア、起業家、SF作家。開成高校を卒業後、東京大学へ進学。内閣府「AI戦略会議」で座長を務める松尾豊の研究室を卒業。外資系コンサルティング会社のボストン・コンサルティング・グループを経て、AIスタートアップ企業を２社創業。デジタルを通じた社会システム変革に携わる。未踏スーパークリエイター。デジタル庁デジタル法制ワーキンググループ構成員。日本SF作家クラブ会員。2024年、東京都知事選に出馬、デジタル民主主義の実現などを掲げ、AIを活用した双方向型の選挙戦を実践。著書に『サーキット・スイッチャー』『松岡まどか、起業します』（ともに早川書房）、『１％の革命』（文藝春秋）。

はじめる力

2025年４月５日　初版印刷
2025年４月15日　初版発行

著　者　安野貴博
発行人　黒川精一
発行所　株式会社サンマーク出版
〒169-0074 東京都新宿区北新宿2-21-1
電話　03(5348)7800
印　刷　三松堂株式会社
製　本　株式会社村上製本所

ISBN978-4-7631-4212-2 C0030
ホームページ　https://www.sunmark.co.jp